跟我学做一流汽修技师丛书

彩色图解
新能源汽车结构
原理与检修

主　编　吴荣辉
副主编　李志军　熊继荣

机械工业出版社

本书由多位技能大师工作室带头人及维修培训专家精心编写。编者结合10多年新能源汽车（混合动力和纯电动汽车）维修、技术培训及咨询经验，采用大量实车拍摄的彩色图片及通俗易懂的语言，使本书更贴近维修企业的实际需要。

本书以北汽新能源、上汽荣威、吉利、比亚迪、丰田混合动力及其他国内外典型纯电动/混合动力车型为主，综合主流新能源汽车厂家的技术共性和差异，系统地介绍新能源汽车认识与使用、高压安全与防护、动力蓄电池与管理系统检修、驱动电机与控制器检修、充电系统与辅助系统检修以及整车维护与故障诊断。

本书主要适用于一线汽车维修技师学习新能源汽车知识和维修技能，也可供中高职院校汽车专业的师生作为教学参考，同时还可供汽车销售顾问、售后服务顾问、保险理赔员以及其他汽车行业工程技术人员阅读参考。

图书在版编目（CIP）数据

彩色图解新能源汽车结构原理与检修／吴荣辉主编.
—北京：机械工业出版社，2020.12
（跟我学做一流汽修技师丛书）
ISBN 978-7-111-67045-2

Ⅰ.①彩… Ⅱ.①吴… Ⅲ.①新能源-汽车-构造-图解②新能源-汽车-车辆检修-图解 Ⅳ.①U469.7-64

中国版本图书馆CIP数据核字（2020）第247226号

机械工业出版社（北京市百万庄大街22号　邮政编码100037）
策划编辑：齐福江　　责任编辑：齐福江　郑　晨
责任校对：张　征　　封面设计：鞠　杨
责任印制：李　昂
北京瑞禾彩色印刷有限公司印刷
2021年1月第1版第1次印刷
184mm×260mm·14.5印张·359千字
0 001—2 000册
标准书号：ISBN 978-7-111-67045-2
定价：159.00元

电话服务　　　　　　　　　网络服务
客服电话：010-88361066　　机　工　官　网：www.cmpbook.com
　　　　　010-88379833　　机　工　官　博：weibo.com/cmp1952
　　　　　010-68326294　　金　书　网：www.golden-book.com
封底无防伪标均为盗版　　　机工教育服务网：www.cmpedu.com

前　言

汽车产业快速发展带来的交通拥堵、能源危机和环境污染是限制汽车发展的主要瓶颈，因此，新能源汽车产业是国家重点发展和大力扶持的产业。由于国家政策的扶持，新能源汽车产业得到飞速的发展，由此带来的新能源汽车后市场将需要大量的销售、维修及其他方面的专业人才。根据目前情况，除了汽车厂家指定的服务站外，综合汽车维修企业接触到的新能源汽车维修业务已经越来越多，汽车维修行业维修技师迫切需要一本体系化的新能源汽车专业图书，以满足汽车维修技师学习和行业培训的需求。

为满足汽车维修行业的迫切需求，编者结合10多年新能源汽车（混合动力和纯电动汽车）维修、技术培训、技术咨询的经验，整合培训课件，参考大量新能源汽车厂家及其他资料，精心编写这本《彩色图解新能源汽车结构原理与检修》，以新能源汽车的认识、使用和维修为开发方向，采用大量实车拍摄的彩色图片，使用通俗易懂的语言，克服了目前新能源汽车书籍偏向汽车设计制造技术方向导致理论性太强的缺点，使本书更贴近维修企业实际工作需要。

本书中涉及的新能源汽车品牌车型以北汽新能源、上汽荣威、吉利、比亚迪、丰田混合动力及其他国内外典型的纯电动/混合动力车型为主，综合主流新能源汽车厂家的技术共性和差异。

本书系统地介绍了新能源汽车认识与使用、高压安全与防护、动力蓄电池与管理系统及辅助系统结构原理与检修，以及整车维护与故障诊断，包含了6块内容：①新能源汽车认识与使用，介绍新能源汽车现状、发展与识别、性能特征与评价参数，以及使用与充电；②新能源汽车高压安全与防护，介绍新能源汽车高压部件识别与防护，以及维修操作规范与应急处理；③新能源汽车动力蓄电池与管理系统检修，介绍动力蓄电池以及动力蓄电池管理系统结构原理与检修；④新能源汽车驱动电机与控制器检修，介绍新能源汽车驱动电机以及驱动电机控制器结构原理与检修；⑤新能源汽车充电系统与辅助系统检修，介绍新能源汽车充电系统以及低压电源、空调暖风、制动、转向等辅助系统结构原理与检修；⑥新能源汽车维护与故障诊断，介绍新能源汽车检查与维护，以及故障诊断与排除。

本书主要适用于一线汽车维修技师学习新能源汽车知识和技能，以及中高职院校汽车专业的师生作为教学参考，同时还可供汽车销售顾问、售后服务顾问、保险理赔员以及其他汽车行业工程技术人员阅读参考。

本书由笛威汽车学院吴荣辉主编，江苏省李志军技能大师工作室、无锡职业技术学院李志军，无锡市熊继荣技能大师工作室、无锡万国车业熊继荣任副主编，无锡市谢勇技能大师工作室、无锡笛欧奔宝谢勇参编。

限于编者的技术水平，加上当前新能源汽车技术资料匮乏，书中难免存在不当甚至错误之处，敬请广大读者批评指正。本书在编写过程中，参考了大量国内外相关著作、汽车厂家的培训课件、网络资源及其他资料，在此一并向有关作者及汽车厂家表示最真诚的感谢！

编　者

目录

前言

第一章 新能源汽车认识与使用 / 001

第一节 新能源汽车现状、发展与识别 / 002
一、什么是新能源汽车？/ 002
二、为什么要发展新能源汽车？/ 002
三、新能源汽车会成为主流吗？/ 003
四、新能源汽车有哪些类型？/ 005
五、新能源汽车有哪些生产厂商和车型？/ 014
六、新能源汽车的结构与传统燃油汽车有什么区别？/ 015

第二节 新能源汽车性能特征与评价参数 / 026
一、新能源汽车有哪些性能特征？/ 026
二、新能源汽车有哪些性能评价参数？/ 027

第三节 新能源汽车使用与充电 / 029
一、新能源汽车的驱动原理与运行模式有哪些特点？/ 029
二、新能源汽车的启动和操控与传统燃油汽车有什么区别？/ 033
三、新能源汽车如何进行充电？/ 043

第二章 新能源汽车高压安全与防护 / 051

第一节 新能源汽车高压部件识别与防护 / 052
一、人体为什么会触电？/ 052
二、新能源汽车上哪些部件会有高压？/ 055

三、从设计的角度，新能源汽车有哪些安全设计相关的内容？/ 058

四、新能源汽车有哪些安全隐患？/ 063

五、新能源汽车发生安全事故时如何处理？/ 066

六、新能源汽车维修有哪些安全防护装备？/ 069

第二节　新能源汽车维修操作规范与应急处理 / 072

一、新能源汽车维修车间有哪些管理制度？/ 072

二、新能源汽车维修需要哪些拆装工具及检测设备？/ 075

三、新能源维修应遵守哪些操作流程？/ 081

四、新能源汽车发生意外时，如何应急处理？/ 084

第三章　**新能源汽车动力蓄电池与管理系统检修** / 089

第一节　动力蓄电池结构原理与检修 / 090

一、什么是动力蓄电池？/ 090

二、动力蓄电池有哪些类型？/ 093

三、动力蓄电池有哪些参数？/ 098

四、动力蓄电池组由哪些结构组成？/ 102

第二节　动力蓄电池管理系统结构原理与检修 / 108

一、什么是动力蓄电池管理系统？/ 108

二、动力蓄电池管理系统需要采集哪些控制参数？/ 112

三、什么是动力蓄电池热管理系统？/ 114

第四章　**新能源汽车驱动电机与控制器检修** / 119

第一节　驱动电机结构原理与检修 / 120

一、什么是驱动电机？/ 120

二、为什么驱动电机需要冷却系统？/ 124

第二节　驱动电机控制器结构原理与检修 / 129

一、什么是驱动电机控制器？/ 129

二、驱动电机控制器如何进行故障检测？/ 135

第五章　新能源汽车充电系统与辅助系统检修 / 137

第一节　新能源汽车充电系统结构原理与检修 / 138
一、新能源汽车充电系统由哪些结构组成？ / 138
二、新能源汽车充电系统是如何工作的？ / 146
三、新能源汽车充电系统有哪些常见故障？ / 150

第二节　新能源汽车辅助系统结构原理与检修 / 153
一、新能源汽车低压电源系统和传统燃油汽车有什么区别？ / 153
二、新能源汽车暖风与空调系统和传统燃油汽车有什么区别？ / 160
三、新能源汽车制动系统和传统燃油汽车有什么区别？ / 173
四、新能源汽车电动转向系统和传统燃油汽车有什么区别？ / 183

第六章　新能源汽车维护与故障诊断 / 187

第一节　新能源汽车检查与维护 / 188
一、新能源汽车 PDI 检查有哪些内容？ / 188
二、新能源汽车新车使用要求与传统燃油汽车有什么区别？ / 191
三、新能源汽车需要做哪些保养项目？ / 193

第二节　新能源汽车故障诊断与排除 / 203
一、新能源汽车仪表有哪些故障指示灯和警告灯？ / 203
二、纯电动汽车出现故障时，如何进行诊断与排除？ / 209
三、混合动力汽车出现故障时，如何进行诊断与排除？ / 215

参考文献　　/ 226

第一章
新能源汽车认识与使用

近年来,新能源汽车是汽车行业的热门话题,我们需要对新能源汽车有基本的认知。本章介绍新能源汽车认识与使用的基础知识和技能,包含以下3个单元:

①新能源汽车现状、发展与识别;
②新能源汽车性能特征与评价参数;
③新能源汽车使用与充电。

通过以上3个单元的学习,你能够对新能源汽车有基本的认知,为后续的学习奠定基础。

第一节　新能源汽车现状、发展与识别

近年来，新能源汽车是汽车行业的热门话题。作为汽车行业从业人员，如果有人问你什么是新能源汽车？新能源汽车与传统燃油汽车有什么区别呢？你能正确回答吗？

一、什么是新能源汽车？

新能源汽车包括2层含义，即新能源和汽车。

新能源又称非常规能源，是指传统能源之外的各种能源形式，即刚开始开发利用或正在积极研究、有待推广的能源，如太阳能、地热能、风能、海洋能、生物质能和核聚变能等，如图1-1-1所示。

图1-1-1
新能源产业

根据2017年7月1日正式实施的《新能源汽车生产企业及产品准入管理规定》（工业与信息化部第39号令）：新能源汽车是指采用新型动力系统，完全或者主要依靠新型能源驱动的汽车，包括插电式混合动力（含增程式）汽车、纯电动汽车和燃料电池汽车等。

汽车用的新型能源即非常规的车用燃料，指除汽油、柴油、天然气（NG）、液化石油气（LPG）、乙醇汽油（EG）、甲醇、二甲醚以外的燃料。

增程式电动汽车（Extended-Range Electric Vehicles，简称EREV）是电动汽车的一种。与纯电动汽车的区别是，车辆上安装了一台燃油发动机（内燃机），但不直接驱动车辆，只是在动力蓄电池电量不足时为动力蓄电池充电。

二、为什么要发展新能源汽车？

由于传统燃油汽车需要消耗燃油以及排放废气，因此汽车对气候变暖、环境污染以及能源危机的影响是汽车行业必须面对的问题。

纯电动汽车和燃料电池电动汽车在本质上是一种零排放汽车，一般无直接排放污染物，间

接污染物可以采取集中治理的方法加以控制。混合动力汽车在纯电动行驶模式下同样具有零排放的效果，同时由于减少了燃油消耗，二氧化碳排放可降低 30% 以上。另外，电动汽车比同类燃油车噪声也低 5dB 以上，大规模推广电动汽车将大幅度降低城市噪声。由于传统燃油汽车需要消耗大量燃油以及排放二氧化碳等废气，因此发展新能源汽车对降低全球气候变暖的影响、减少环境污染以及节约能源、优化能源结构、解决能源危机有重要的意义（图 1-1-2）。

图 1-1-2　发展新能源汽车的意义
(降低碳排放减少环境污染解决能源危机)

三、新能源汽车会成为主流吗？

由于气候变暖、环境污染、能源危机等原因，新能源汽车的开发早已引起了全球汽车生产厂家的关注，绝大多数汽车公司都已转向研究和开发新能源汽车，各国政府也相继发布新能源汽车发展战略和国家计划，加大政策支持力度，增加研发投入，全力推进新能源汽车产业化。随着新能源汽车技术瓶颈突破的预期大大增强，新能源汽车产业进入了快速发展的新阶段。

1. 新能源汽车现状与发展趋势

（1）国外新能源汽车

突破动力蓄电池技术是关键。受续驶里程、充电技术及充电设施等方面的影响，国外纯电动汽车主要应用在小型乘用车以及运行比较有规律的大型公交车、市政与邮政等特殊用途车辆。纯电动汽车的技术攻关重点集中在提高动力蓄电池性能、降低成本方面。与传统燃油汽车性能和成本比较，动力蓄电池已成为限制纯电动汽车发展的瓶颈。因此，研究和开发不污染环境、成本低廉、性能优良的动力蓄电池，是大量推广使用纯电动汽车的前提。

如图 1-1-3 是宝马 i3 纯电动汽车。

混合动力汽车是传统燃油汽车和纯电动汽车之间的过渡产品，既充分发挥了内燃机技术优势，又尽可能发挥电机驱动无污染的优势。日本最早研发混合动力汽车，并最先实现了产业化。如图 1-1-4 所示，丰田普锐斯（Prius）于 1997 年 10 月底问世，是世界上最早实现批量生产的混合动力汽车。其他各大汽车厂家也纷纷推出混合动力汽车产品，如本田 Insight、通用 Saturn VUE、福特 Escape 等。

图 1-1-3　宝马 i3 纯电动汽车　　图 1-1-4　丰田普锐斯混合动力汽车

燃料电池汽车成为竞争的焦点。氢燃料电池汽车是使用液态氢作为汽车的动力蓄电池能源，与大气中的氧气发生化学反应，从而产生电能来启动电动机，进而驱动汽车。燃料电池及氢动力发动机车型被看作是新能源汽车最终的解决方案。由于燃料电池汽车技术的战略意义十分重大，世界各发达国家和地区都在潜心致力于燃料电池汽车的研究。从国外燃料电池汽车发展现状看，全球主要汽车公司基本完成了燃料电池汽车的性能研发，整车性能已达到传统燃油汽车水平，核心技术问题也已经得到解决。今后的研究重点集中到降低燃料电池系统成本、规模建设加氢基础设施和推广商业化示范等方面，如图1-1-5分别是上汽和奔驰公司生产的燃料电池汽车。

图1-1-5 燃料电池汽车
上汽荣威(左) 德国奔驰(右)

（2）国内新能源汽车

2018年12月20日，由中国汽车工程学会和丰田汽车公司联合编著的《节能与新能源汽车技术路线图年度评估报告2018》于北京正式发布。《报告》对纯电动和插电式混合动力汽车、氢燃料电池汽车以及动力蓄电池三个细分领域进行技术进展评估。例如：我国2030年百万新能源汽车量级目标或将轻松达成，但在燃料电池、动力蓄电池性能等技术指标上与国际上仍有差距，达成2025年目标仍存在较大挑战。

与国外新能源汽车应用相似，我国新能源汽车目前主要应用在大型公交汽车、物流营运汽车、共享汽车、网约汽车等方面，家庭用车用量较少。如图1-1-6是应用广泛的城市纯电动公交车。

根据中国汽车工业协会发布的汽车工业产销数据显示，即便在整体产销量下滑的情况下，我国新能源汽车仍然保持大幅度的上涨趋势。以2019年4月份为例，新能源车型市场销量累计产销分别完成36.8万辆和36.0万辆，比上年同期分别增长58.5%和59.8%。其中，纯电动汽车产销分别完成28.6万辆和27.8万辆；插电式混合动力汽车产销分别完成8.1万辆和8.2万辆；燃料电池汽车产销分别完成237辆和230辆。

图1-1-6 纯电动公交车

2. 新能源汽车政策、法规与标准

政府对加快新能源汽车的发展起着至关重要的作用。政府出台政策引导和加大资金投入，推进汽车生产企业加大对新能源汽车研发的力度，同时要加大示范运行范围和力度，为新能源汽车规模化、产业化发展做准备。

针对新能源汽车产业的发展，我国政府相继出台一系列政策、法规和技术标准，并且根据发展状况不断更新和调整，相关内容可以查询各部委的网站及其他的信息平台。

综上所述，新能源汽车虽然在短期内不能完全替代传统燃油汽车，但新能源汽车成为汽车产业的主流是大势所趋。

四、新能源汽车有哪些类型？

汽车根据动力系统获取能源的方式可以分为以下类型（图1-1-7）：

图1-1-7　汽车的分类

类型一　传统燃油汽车：以传统内燃机驱动的汽车，全部的动力能源都来自内燃机输出。采用的燃料是汽油和柴油。

类型二　替代燃料汽车：在内燃机基础上研发以替代燃料技术为主的替代燃料汽车，如燃气类汽车、醇类汽车、氢气汽车等。

类型三　电动汽车：以电力驱动技术为主的电动汽车。电动汽车从动力结构角度可以分为纯电动汽车和混合动力汽车，同时也包括燃料电池汽车及其他类型的电动汽车，例如太阳能汽车和超级电容汽车等。

对于将燃料电池汽车和太阳能汽车、超级电容汽车归类到电动汽车类型中，主要原因在于此类汽车的能源最终都是转换成电力的形式通过电机驱动车辆。

根据国家对新能源汽车最新定义，只有纯电动汽车（包括太阳能、超级电容汽车）、插电式混合动力汽车（包括增程式）和燃料电池汽车才属于新能源汽车，其他类型则属于节能汽车、清洁能源汽车的范畴。

一般情况下，我们所指的新能源汽车是指纯电动汽车或油、电类型混合动力汽车，因此，以下介绍的内容在没有特别说明的情况下，所述的新能源汽车即为上述两种类型。

以下分别介绍除传统燃油汽车外的其他类型汽车。

1. 纯电动汽车

纯电动汽车（Battery Electric Vehicle，简称BEV或EV）：全部采用电力驱动的汽车，利用驱动电机来驱动车辆。如图1-1-8是纯电动汽车结构示意图及标识。

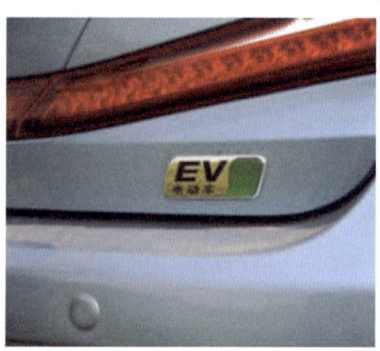

图1-1-8　纯电动汽车结构示意图及标识

2. 混合动力汽车

混合动力汽车（Hybrid Electric Vehicle，简称HEV）：国际电子技术委员会对混合动力汽车的定义为：在特定的工作条件下，可以从两种或两种以上的能量存储器、能量源或能量转化器中获取驱动能量的汽车，其中至少一种存储器或转化器要安装在汽车上。

混合动力汽车通常是指油、电类型的混合动力汽车，即内燃机与动力蓄电池、电机的驱动混合。如图1-1-9所示，混合动力汽车介于传统燃油汽车与纯电动汽车之间，是两种动力汽车的中间产物。与纯电动汽车相比，混合动力汽车上配置有内燃机；与传统燃油汽车相比，混合动力汽车上又新增有动力蓄电池和电机。但是，混合动力汽车中的动力驱动单元却完美地将内燃机的动力与电机的动力结合在一起。如图1-1-10是混合动力汽车结构示意图。

图1-1-9　混合动力汽车关系示意图

图1-1-10　混合动力汽车结构示意图

混合动力汽车的结构复杂多样,从不同的角度可以细分为多种类型。

(1) 根据驱动连接方式分类

根据内燃机和驱动电机之间的连接关系(即内燃机的输出动力与驱动电机的输出动力到车辆驱动轴的连接方式),将混合动力汽车分为串联式、并联式和混联式三种类型。

1) 串联式混合动力:在串联式混合动力设计中,车辆的驱动仅仅是由驱动电机单独完成的,动力蓄电池的电能来自外部电源和内燃机进行充电,如图1-1-11所示。

图1-1-11 串联式混合动力示意图

串联式混合动力类型的优点是内燃机能够在最佳的转速和负荷运行,同时车辆也取消了变速器、离合器等部件;缺点是车辆仅通过电机驱动,因此必须设计较大功率的电机来满足车辆在爬坡、急加速等大负荷运行工况,导致整车重量加大。

这种混合动力类型主要应用于城市大客车上,在乘用轿车中很少见,雪佛兰Volt(沃蓝达)、理想ONE(图1-1-12)"增程式"混合动力汽车即采用串联式设计方式。

图1-1-12 理想ONE"增程式"混合动力汽车外形及结构示意图

2) 并联式混合动力:在并联式混合动力设计中,车辆的驱动是由内燃机和驱动电机组合完成的,动力蓄电池获取电能的途径是内燃机的充电及能量回收,如图1-1-13所示。

图1-1-13　并联式混合动力示意图

并联式混合动力类型的优点是采用了一个或多个电机辅助内燃机，使得内燃机的设计可以更小更轻；缺点是需要用复杂的软件来优化驱动电机和内燃机同时输向驱动轴的力矩。并联式混合动力在国外的高端品牌及日本进口、合资车型上采用较多，例如奔驰S400 HYBRID配备的平行（即并联，如图1-1-14所示）混合动力驱动系统，大众、奥迪、宝马、本田、丰田公司混合动力系统大部分采用并联式的设计方式。

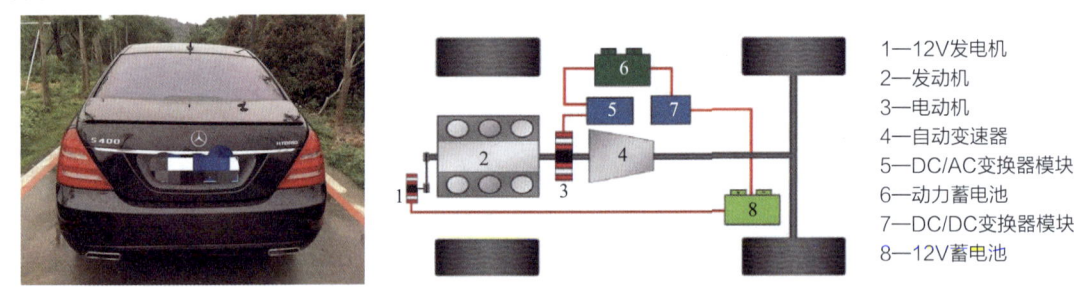

1—12V发电机
2—发动机
3—电动机
4—自动变速器
5—DC/AC变换器模块
6—动力蓄电池
7—DC/DC变换器模块
8—12V蓄电池

图1-1-14　奔驰S400 HYBRID混合动力汽车外形及结构示意图

3）混联式混合动力：混联式混合动力也称为"串并联式"混合动力系统，因为其集合了串联式和并联式的优点而设计的，如图1-1-15所示。

图1-1-15　混联式混合动力示意图

混联式混合动力类型的优点是可以实现单独由驱动电机驱动车辆，内燃机自动停机或启动为系统充电，也可以实现内燃机和驱动电机共同驱动车辆；缺点是动力分配装置内部设计和管理系统较为复杂，需要较高的技术积累和研发投入。

目前市场上的混合动力汽车大多数采用这种设计类型，如丰田、比亚迪、上汽荣威（图1-1-16）等混合动力车型。

 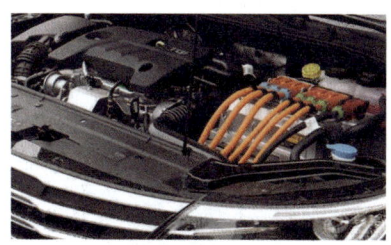

图1-1-16 荣威 ei6 混合动力汽车外形及前机舱实物图

（2）根据混合程度分类

根据驱动电机的有效功率占车辆驱动系统总功率的百分比，可以将混合动力汽车分为轻度混合动力、中度混合动力和重度混合动力三个等级。

1）轻度混合动力：也称"弱混"，一般采用 36V 或 42V 动力蓄电池组，并搭载一个低功率的一体化起动/发电机，并通过曲轴传动带来辅助内燃机。电机不能够单独驱动车辆行驶，只起辅助作用，在自动启停、内燃机启动平滑辅助和制动能量回收时起作用。该系统优点是成本低，但节省的燃油也更少，一般只能省油 8%～15%。如图1-1-17所示是轻度混合动力系统结构示意图。

a) 连接关系示意图　　　　b) 起动/发电机安装位置

图1-1-17 轻度混合动力系统结构示意图

轻度混合动力汽车典型代表技术有别克君越的 BAS（Basic Assist System）系统、奔驰 Smart 的 MHD（Micro Hybrid Drive）怠速熄火系统、奇瑞汽车合作研发的 BSG（Belt-driven Starter/Generator）系统。这些系统的共同特点都是由曲轴传动带驱动的一体化起动/发电机取代了传统内燃机的发电机，由这个新型的一体化起动/发电机提供车载电力系统的同时，还能快速起动车辆的内燃机。

2）中度混合动力：一般采用 100V 以上的动力蓄电池，混合度在 30% 左右。在车辆加速或者大负荷工况时，电机能够辅助内燃机驱动车辆，补充内燃机本身动力输出的不足。这种系统的混合程度较高，在城市循环工况下节省燃油可以达到 20%～30%。

如图 1-1-18 所示是中度混合动力系统结构示意图。

中度混合动力汽车的典型代表技术有本田雅阁、思域、丰田的雷凌等。需要强调的是，中度混合动力汽车仍然无法完全脱离内燃机的驱动并完全依靠电力驱动，根据国家标准仅属于节能汽车。

3) 重度混合动力：也称"强混"，一般采用 200~650V 的高电压，混合度可以达到 50% 以上，在城市循环工况下节油率可以达到 30%~50%。重度混合动力汽车采用内燃机为基础动力，动力蓄电池为辅助动力；支持低速纯电动行驶；在急加速和爬坡运行工况下车辆需要较大的驱动力时，驱动电机和内燃机同时提供动力。如图 1-1-19 所示是重度混合动力系统结构示意图。

图 1-1-18　中度混合动力系统结构示意图

图 1-1-19　重度混合动力系统结构示意图

随着驱动电机、动力蓄电池技术的进步，重度混合动力系统逐渐成为混合动力技术的主要发展方向，丰田普锐斯、通用的凯雷德双模混合动力汽车采用的就是重度混合动力系统。

(3) 根据充电方式分类

根据混合动力汽车的充电方式，可以分为非插电式混合动力汽车和插电式混合动力汽车两种类型。

非插电式混合动力汽车的动力蓄电池仅来自内燃机及能量回收，基本上可以对应以上介绍的"弱混"和"中混"。如丰田混合动力车型中的凯美瑞双擎（图 1-1-20）、卡罗拉双擎（图 1-1-21）都属于这种类型的混合动力汽车。

图 1-1-20　广汽丰田凯美瑞双擎非插电式混合动力汽车

图 1-1-21　一汽丰田卡罗拉双擎非插电式混合动力汽车

需要特别说明的是，由于非插电式混合动力车型没有被列入国家新能源汽车的目录，即不能上"绿牌"，因此以上车型的厂家都陆续推出插电式混合动力的车型。

插电式混合动力汽车（Plug-in Hybrid Electric Vehicle，简称 PHEV），可以通过外部连接的电源进行充电，同时在动力蓄电池充满电状态下具有一定纯电动行驶能力，是"重度混合动力"车型的一种特殊形态。插电式混合动力可以采用串联或并联的结构，电机功率比纯电动汽车的稍小。受国家有关政策的影响，插电式混合动力汽车已成为主流发展方向之一。

如图1-1-22是比亚迪秦插电式混合动力汽车，可以为燃油箱加油，也可以通过外部电源为动力蓄电池充电。

比亚迪秦在纯电模式下综合工况续驶里程可达80km，"短途纯电动，长途混合动力"模式下可有效缓解出行焦虑。

（4）根据燃料种类分类

根据混合动力汽车的燃料种类不同，可以分为汽油混合动力汽车和柴油混合动力汽车两种类型。目前国内市场上，混合动力汽车的主流都是汽油混合动力车型，而国际市场上柴油混合动力车型发展也很快，原来有"柴油版"车型的厂家，如路虎、大众等都推出柴油混合动力车型。

如图1-1-23是大众高尔夫柴油混合动力汽车的标识。

图1-1-22 比亚迪秦插电式混合动力汽车

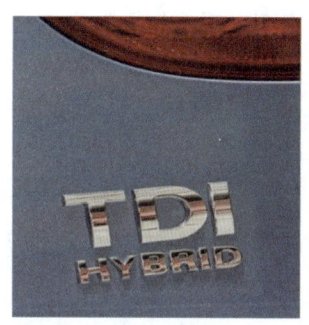

图1-1-23 大众高尔夫柴油混合动力汽车的标识

3. 燃料电池汽车

燃料电池汽车是指以氢气、甲醇等为燃料，通过化学反应产生电流，依靠电机驱动的汽车。燃料电池的能量是通过氢气和氧气的化学作用，直接变成电能。燃料电池的化学反应过程不会产生有害产物，因此燃料电池汽车是无污染的汽车。燃料电池能量转换效率比内燃机要高2~3倍，因此从能源的利用和环境保护方面，燃料电池汽车是一种理想的汽车。燃料电池汽车奔驰F-Cell的外形和结构示意图如图1-1-24所示。

图1-1-24 燃料电池汽车奔驰F-Cell的外形和结构示意图

4. 太阳能汽车

太阳能汽车是在普通电动汽车基础上将太阳能转化成电能对车辆进行供电的，在很大程度上降低了电动汽车的使用成本，而且非常环保。白天，太阳能电池把光能转换为电能自动存储在动力蓄电池中。在晚间或阴雨天，可以利用家用交流电（220V）进行充电，确保车辆正常行驶。

太阳能汽车的优点是以光、电代替燃油，无污染、无噪声。缺点是开发成本较高，而且受自然条件（阳光）的限制。太阳能汽车的外形图如图1-1-25所示。

图1-1-25 太阳能汽车的外形图

5. 超级电容汽车

超级电容汽车采用了超级电容储能装置储存电能。利用双电层原理制成大容量电容称为超级电容，利用超级电容储能的装置就称为超级电容储能装置。超级电容汽车动力系统结构原理如图1-1-26所示，超级电容存储的电能配合动力蓄电池的电能，经过逆变器加载到电机，实现对车辆的驱动。

图1-1-26 超级电容汽车动力系统示意图

如图1-1-27是我国第一辆超级电容客车，于2006年8月28日在上海投入运营。实际使用证明，该车起步动作迅速有力，运行时清洁、经济、方便，在车顶上的可伸缩受电弓可快速升降，与客车站上方的高压馈线碰触就可充电，中途充电30s即可，充一次电可行驶3~5站地。

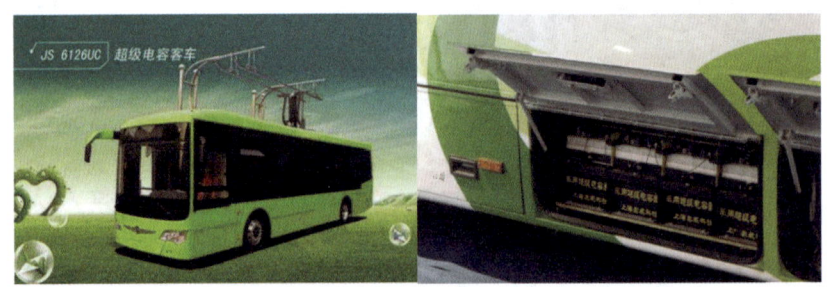

图1-1-27 我国第一辆超级电容客车及电容组

6. 替代燃料汽车

除汽油、柴油以外的替代燃料汽车，虽然根据最新的国家标准不属于新能源汽车，但是这些类型的汽车在解决环境污染、气候变暖、能源危机等方面也有一定的贡献。替代燃料汽车包括燃气类、醇类、氢气汽车等类型。

（1）燃气类燃料汽车

燃气类燃料汽车简称燃气汽车，是指用压缩天然气（CNG）、液化石油气（LPG）和液化天然气（LNG）作为燃料的汽车。由于燃气汽车排放性能好，可调整汽车燃料结构，运行成本低、技术成熟、安全可靠，所以被世界各国公认为当前最理想的替代燃料汽车。目前，燃气仍然是世界汽车替代燃料的主流，在我国替代燃料汽车中占到90%左右。

燃气汽车一般采用双燃料系统。双燃料汽车是指具有两套燃料供给系统，一套供给天然气或液化石油气；另一套供给天然气或液化石油气之外的燃料（汽油或柴油），两套燃料供给系统按预定的配比向气缸供给燃料，在气缸内混合燃烧的汽车。如图1-1-28所示是长安星光4500双燃料汽车，以93号无铅汽油和CNG为燃料。

图1-1-28 长安星光4500双燃料汽车

（2）醇类汽车

乙醇俗称酒精，因此使用乙醇为燃料的汽车，也可叫酒精汽车。如果采用生物乙醇作为燃料，则可以称为生物燃料或生物乙醇汽车。用乙醇代替石油燃料的历史已经很长，无论是从生产上和应用上的技术都已经很成熟。在汽车上使用乙醇，可以提高燃料的辛烷值，增加氧含量，使发动机气缸内燃烧更完全，可以降低尾气有害物的排放。

如图1-1-29所示为三菱生物乙醇汽车。

图1-1-29 三菱生物乙醇汽车

（3）氢气汽车

氢气汽车也称氢动力汽车或氢燃料汽车，是一种真正实现零排放的交通工具，排放出的是纯净水，具有无污染、零排放、储量丰富等优势。因此，氢气汽车是传统燃油汽车最理想的替代方案。但是从制造成本而言，与传统燃油汽车相比，氢气汽车成本至少高出20%。中国长安汽车在2007年完成了中国第一台高效零排放氢内燃机点火汽车，并在2008年北京车展上展出了自主研发的中国首款氢气动力概念跑车"氢程",如图1-1-30所示。

五、新能源汽车有哪些生产厂商和车型?

世界各国的汽车生产厂商都陆续推出新能源汽车,以下列举目前国外和国内新能源汽车生产厂商及代表车型。

1. 国外新能源汽车主要生产厂商及代表车型

国外部分新能源汽车主要生产厂商及代表车型见表1-1-1,车型介绍及其他更多信息更新可以通过互联网络查询。

图1-1-30 "氢程"概念跑车

表1-1-1 国外部分新能源汽车主要生产厂商及代表车型

序号	生产厂商	品牌/车型	产品类型
1	Tesla 特斯拉	Model S/X/3	纯电动汽车
2	宝马	i3	纯电动汽车
3	大众	Golf GTE	插电式混合动力汽车
4	通用雪佛兰	Volt PHEV	插电式混合动力汽车
4	通用雪佛兰	Bolt EV	纯电动汽车
5	丰田	Prius	插电式混合动力汽车
6	三菱	Outlander PHEV	插电式混合动力汽车
7	雷诺	Zoe	纯电动汽车

2. 国内新能源汽车主要生产厂商及代表车型

目前国内部分新能源汽车主要生产厂商及代表车型见表1-1-2。车型介绍及其他更多信息更新可以通过互联网络查询。

表1-1-2 国内部分新能源汽车主要生产厂商及代表车型

序号	生产厂商	品牌/车型	产品类型
1	北汽新能源	E150EV/EV160/EV200/EC180/EU260/EX260	纯电动汽车
2	比亚迪	e5/e6	纯电动汽车
2	比亚迪	秦	纯电动/插电式混合动力汽车
2	比亚迪	唐 DM	插电式混合动力汽车
3	上汽荣威	e50/e950	纯电动汽车
3	上汽荣威	e550/eRX5	插电式混合动力汽车
4	蔚来汽车	ES8/ES6	纯电动汽车
5	重庆长安	CV11	混合动力汽车

（续）

序号	生产厂商	品牌/车型	产品类型
6	奇瑞	瑞麒 M1	纯电动汽车
		A5 BSG	混合动力汽车
7	江淮汽车	iEV4A/iEV6/iEV7 等	纯电动汽车
8	上汽大众	帕萨特 PHEV	插电式混合动力汽车
9	众泰汽车	E200/Z500	纯电动汽车
10	吉利汽车	知豆 D2S	纯电动汽车
		帝豪 EV300/EV450	纯电动汽车
		帝豪 HEV	混合动力汽车

六、新能源汽车的结构与传统燃油汽车有什么区别？

新能源汽车的基础仍然是汽车，只是驱动车辆的能源形式变了。与传统燃油汽车相比，新能源汽车具备以下结构特征：

特征一：保留传统燃油汽车大部分部件，如车身、灯光、底盘等。外形和传统燃油汽车基本一致，为了迎合时代的潮流，新能源汽车外形设计通常比较"时尚"。如图 1-1-31 是特斯拉纯电动汽车的外形，图 1-1-32 是众泰 E200 纯电动汽车的外形。

图 1-1-31　特斯拉纯电动汽车

图 1-1-32　众泰 E200 纯电动汽车

特征二：改变驱动车辆的动力形式：纯电动汽车采用了动力蓄电池加电机及驱动单元的方式来取代传统燃油汽车的发动机和变速器，混合动力汽车在原来内燃机和变速器的基础上增加了动力蓄电池及驱动电机作为辅助动力。

特征三：因为驱动系统和运行模式的改变，部分辅助系统也相应的做了改变，例如空调与暖风系统、低压电源系统以及补充能源的形式等。

以下介绍新能源汽车在结构上与传统燃油汽车的区别。

1. 外观特征的区别

1）如果是纯电动汽车，通常车辆上标识有 EV 等字样，如图 1-1-33 所示。

图 1-1-33　纯电动汽车标识

2)如果是混合动力汽车,通常车辆上标识有 Hybrid、HEV 或 PHEV 字样,如图 1-1-34 所示。

图1-1-34　混合动力汽车标识

3)针对纯电动汽车和插电式混合动力汽车,需要通过外部充电的方式来获取电能,因此可以通过充电口这个特征进行判别,如图 1-1-35 所示。

图1-1-35　新能源汽车充电

4)车辆铭牌。除了和传统燃油汽车相似的车辆识别码 VIN 和铭牌外,新能源汽车的动力蓄电池、驱动电机以及各模块上都有铭牌注明相关的技术信息,如图 1-1-36 是荣威 e50 纯电动汽车的铭牌,图 1-1-37 是北汽新能源纯电动汽车驱动电机铭牌。

图1-1-36　荣威 e50 纯电动汽车的铭牌　　　图1-1-37　北汽新能源纯电动汽车驱动电机铭牌

2. 驱动结构的区别

(1)纯电动汽车驱动结构与传统燃油汽车的区别

纯电动汽车行驶的动力全部依靠驱动电机(简称电机或电动机),电机的驱动电能来自动力蓄电池(也称动力电池、高压电池包等)。如图 1-1-38 所示,纯电动汽车的驱动系统上不再有传统燃油汽车的内燃机和变速器了,取而代之的是位于车辆后部或底部的动力蓄电池,以及位于原内燃机位置的一个带有电机的变速驱动单元,同时也包含控制电机的逆变器(驱动电机控制器)及其他高压部件。

图1-1-38　纯电动汽车典型驱动结构

1）动力蓄电池：动力蓄电池是纯电动汽车唯一的动力源，混合动力汽车辅助的动力源。动力蓄电池包含有动力蓄电池管理系统BMS，在向全车提供电能的同时，还支持对动力蓄电池的电量计算评估、安全监测、充放电控制、漏电监测以及动力蓄电池的电量平衡，动力蓄电池结构示意图如图1-1-39所示。

图1-1-39　动力蓄电池结构示意图

2）变速驱动单元及电机：变速驱动单元是新能源汽车的动力输出部分，内部主要包括电机和减速齿轮机构。如果是前驱的车辆，该系统部件通常安装在前机舱内。电机将电能转换为机械能来实现车辆驱动，带电机的变速驱动单元是新能源汽车，特别是纯电动汽车的关键部件。

典型的纯电动汽车变速驱动单元结构，内部可以看到一个用于驱动的电机和连接电机转子的齿轮机构。此外，更明显的是驱动单元上方还有连接逆变器（驱动电机控制器）的3根高压电缆。如图1-1-40是变速驱动单元结构示意图，图1-1-41是北汽新能源电机外形结构示意图。

逆变器是变速驱动单元的主控部件，通常位于变速驱动单元的上部。逆变器一端连接来自动力蓄电池的高压电；另一端连接变速驱动单元电机的三相交流电缆，主要用于将来自动力蓄电池的直流电转换为可用于驱动电机的三相交流电，同时在制动能量回收时，也将来自电机产生的交流电转换成直流电，回馈给动力蓄电池充电。大多数车辆将逆变器与电机控制模块集成在一起，称"驱动电机控制器"，实现逆变器的功能和管理电机的运转。

图1-1-42是北汽新能源驱动电机控制器的外形结构示意图。

图1-1-40　变速驱动单元结构示意图

图1-1-41 北汽新能源电机外形结构示意图　　图1-1-42 北汽新能源驱动电机控制器外形结构示意图

（2）混合动力汽车驱动结构与传统燃油汽车的区别

根据运行的需要，混合动力汽车相比较传统燃油汽车，主要的改进在车辆的驱动系统上，即在传统燃油汽车的内燃机（发动机）、变速器、传动轴到车轮的线路上，还会增加一套由动力蓄电池（HEV用动力蓄电池）、电机组成的电动动力输出线路。

如图1-1-43所示是混合动力汽车典型驱动结构。

如图1-1-44所示是丰田普锐斯混合动力汽车的前机舱，右侧金属模块是逆变器（驱动电机控制器）。如图1-1-45所示是丰田普锐斯位于行李舱的动力蓄电池。

图1-1-43 混合动力汽车典型驱动结构

 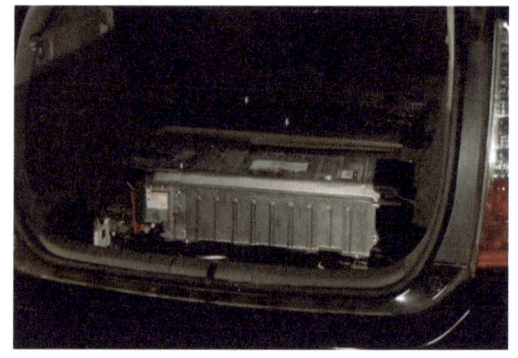

图1-1-44 丰田普锐斯混合动力汽车的前机舱图　　图1-1-45 丰田普锐斯位于行李舱的动力蓄电池

如图1-1-46是比亚迪秦混合动力汽车前机舱，明显可见发动机、电机及驱动电机控制器的位置。

一般情况下，混合动力汽车的发动机不再通过曲轴传动带来驱动空调压缩机和12V发电机了。混合动力汽车通常采用电动空调压缩机，有的车型发动机冷却液也采用电子冷却液泵，但曲轴上的带轮仍会保留，仅作为减振器用。

图1-1-46 比亚迪秦混合动力汽车前机舱

如图1-1-47是丰田普锐斯发动机曲轴传动带驱动部件示意图,曲轴传动带驱动部件少了,仅保留一个冷却液泵和惰轮。

由于混合动力汽车发动机可能很少运行,因此还会设计有独立的封闭式活性炭罐回收系统,利用更大的活性炭罐来吸收燃油箱内的蒸发燃油气体。

如图1-1-48所示的是雪佛兰沃蓝达(Volt)混合动力汽车容量更大的活性炭罐。

图1-1-47 丰田普锐斯发动机曲轴传动带驱动部件示意图

图1-1-48 雪佛兰沃蓝达活性炭罐回收系统

3. 新能源汽车其他结构的区别

因为驱动系统和运行模式的改变,新能源汽车在一些系统上也必须做升级。

(1) 车载电器电源提供和12V蓄电池充电

传统燃油汽车是通过发动机带动发电机给12V蓄电池充电,为车载电器提供工作电源。纯电动汽车以及大部分混合动力汽车不再设计有发电机,动力蓄电池的高压电通过DC/DC变换器转换为12V低压电源,为12V蓄电池充电和常规的车载电器提供工作电源。常规的车载电器部件包括灯光、中控门锁、信息娱乐系统、电动门窗等。

如图1-1-49是纯电动汽车12V低压电源系统的转换过程。

图1-1-49 纯电动汽车12V低压电源系统的转换过程

DC/DC 变换器通常安装在前机舱内，将动力蓄电池的高压直流电转换为低压 12V 直流电。有的车型（如比亚迪 e6）的 DC/DC 变换器包含空调驱动器功能，接收空调控制器（控制模块）的信息来控制空调压缩机和暖风加热器 PTC。也有的车型（如比亚迪 e5）将 DC/DC 变换器和其他高压部件，如车载充电器、驱动电机控制器集成一体。

如图 1-1-50 所示，比亚迪 e6 前机舱左侧的是 DC/DC 变换器（与空调驱动器集成一体，右侧是驱动电机控制器）。

图 1-1-50　比亚迪 e6 DC/DC 变换器（含空调驱动器）

（2）空调和暖风系统控制方式

纯电动汽车和大部分混合动力汽车的空调采用电动方式（高压）驱动压缩机，区别于传统燃油汽车通过内燃机曲轴传动带驱动形式，但制冷原理与传统燃油汽车相同，如图 1-1-51 所示。

a）传统燃油汽车曲轴传动带驱动压缩机　　b）纯电动车高压电驱动压缩机

图 1-1-51　新能源汽车与传统燃油汽车空调系统压缩机

在暖风实现的形式上，由于没有了内燃机 70℃ 以上热量来源，驱动电机产生的热能也达不到合适的温度，纯电动汽车通常是利用电加热的方式来产生暖风。电加热的方式有两种：一种是通过高压加热类似传统空调与暖风系统中的冷却液，再经过循环为暖风水箱提供热量；另一种是直接通过高压驱动 PTC（Positive Temperature Coefficient 的缩写，意思是正温度系数，温度越高电阻越大，泛指正温度系数很大的半导体材料或元器件）加热器来加热经过蒸发箱的空气实现暖风，如图 1-1-52 所示。

a）利用高压加热冷却液再制暖方式　　b）利用 PTC 直接加热进风空气制暖方式

图 1-1-52　纯电动汽车暖风加热系统

(3) 补充能源的形式

如果是纯电动汽车，能源主要是通过外部电网提供的电能，而如果是混合动力汽车，能源有来自外部电网的电能，也有传统燃油汽车使用的燃油。

如图1-1-53是新能源汽车通过外部电网充电获取能源，即充电的方式。

图1-1-53　新能源汽车通过外部电网充电获取能源

(4) 组合仪表的显示

与传统燃油汽车相比，新能源汽车的组合仪表减少了各种指针，而用纯液晶显示屏代替；在显示的内容上面，有行车信息显示区域、车速表、续驶里程以及各种指示警告灯等；中间显示车速和行车信息，仪表的两侧，取消了发动机转数和燃油表指针，换成了电机功率和剩余电量（SOC）。如图1-1-54是纯电动汽车的组合仪表。

图1-1-54　纯电动汽车的组合仪表

(5) 制动系统的区别

新能源汽车的液压制动系统与传统燃油汽车基本组成结构区别不大，但是纯电动汽车液压制动的辅助助力不再有来自内燃机的真空源，混合动力汽车的内燃机也可能随时关闭，为保证制动安全，通常需要单独设计一个电动真空系统来为真空助力器提供真空源。

如图1-1-55是电动真空系统结构示意图。

图1-1-55　电动真空系统结构示意图

有些混合动力汽车不再设计有真空助力系统的制动系统，改用电控液压制动系统。驾驶人踩下制动踏板时不再是直接机械传递制动力到制动主缸，而是制动踏板行程传感器将信号先传递给ECB（电子控制制动）模块，由ECB模块根据制动需求，驱动液压制动系统的制动压力实现制动。该系统最大的好处是可以无缝配合混合动力的制动能量回收控制系统，根据传感器收集驾驶人踩制动踏板的行程和所施加的力来计算所需制动力。

如图 1-1-56 是丰田普锐斯混合动力汽车电子制动系统结构示意图。

图 1-1-56
丰田普锐斯混合动力汽车电子
制动系统结构示意图

为了减少能源损耗，新能源汽车都设计了制动能量回收系统：制动时，系统先给电机上加载负荷让电机利用这个负荷来发电，是逆向拖动车辆制动的一种方式。制动能量回收可以有效降低因制动导致的摩擦能量消耗。

如图 1-1-57 是混合动力汽车制动能量回收系统结构示意图。

图 1-1-57　混合动力汽车制动能量回收系统结构示意图

（6）转向系统的区别

由于纯电动汽车取消了内燃机，不能通过内燃机驱动液压助力油泵的方式来实现液压助力。混合动力汽车的内燃机可能会停止运转，失去转向助力。大多数新能源汽车采用电动助力转向系统，即在原机械转向系统基础上安装一个电机，作为转向的辅助动力。转向系统电机从车辆电源系统（通常是42V）获取电能，无论内燃机是否运转，均能提供转向助力。

如图 1-1-58 是电动转向机构结构示意图。

图 1-1-58
电动转向机构结构示意图

(7) 高压电缆

新能源汽车具有高电压，需要高压电缆向各高压部件输送高压电，连接高压电器部件之间的电缆都属于高压电缆。高压电缆的外部绝缘层颜色采用标准的橙色。高压电缆及电缆之间的连接器需要满足国家高压电器安全标准，同时由于高压部件之间电流很大，所以采用的电缆直径都在 5mm 以上。

如图 1-1-59 是高压电缆及插接器。

图 1-1-59　高压电缆及插接器

(8) 高压配电箱

在新能源汽车设计中，一般将动力蓄电池和驱动电机逆变器之间的高压配电箱单元称之为 BDU（Battery Disconnecting Unit），也称"高压配电盒"等。BDU 是整车高压配电装置，主要作用是高压电源的分配、接通、断开。纯电动汽车在运行时，动力蓄电池的电能主要去向有 5 个方向：

1) 动力蓄电池→BDU→逆变器：为驱动电机提供电能并接受制动能量回收电能；
2) 动力蓄电池→BDU→高压压缩机：为车载空调提供制冷；
3) 动力蓄电池→BDU→DC/DC 变换器：为车辆低压电器提供电源和给 12V 蓄电池充电；
4) 动力蓄电池→BDU→PTC 暖风加热器：为车载暖风系统提供加热功能；
5) 外部 220V 电源→车载充电器→BDU→动力蓄电池：使用外部 220V 电源为动力蓄电池充电。

BDU 电能分配单元内部主要是继电器和电路，由车辆动力系统控制模块根据点火开关或充电需求控制对应继电器的接通和断开。如图 1-1-60 所示是比亚迪 e6 车辆的 BDU。

图 1-1-60　比亚迪 e6 高压配电盒 BDU 外形和内部结构图

(9) 高压电控总成

早期的纯电动汽车与高压相关的部件都是独立设计的（如图 1-1-61 是北汽 E150EV 前机

舱部件位置），随着技术的发展，新能源汽车生产厂家纷纷将高压部件集成为一体。如图 1-1-62 所示，北汽新能源从 2016 年以后生产的纯电动汽车，已将 DC/DC 变换器、高压配电盒（即 BDU）、车载充电器集成到一个部件 PDU（动力控制总成）中，由 PDU 完成上述 3 个部件的功能。

图 1-1-61　北汽 E150EV 前机舱部件位置

图 1-1-62　北汽新能源动力控制总成 PDU

如图 1-1-63 所示，比亚迪 e5 将驱动电机控制器（逆变器）、高压配电盒、DC/DC 变换器、车载充电器"四合一"设计，称"高压电控总成"，功能如下：

1）控制高压交/直流电双向逆变，驱动电机运转，实现充、放电功能（即驱动电机控制器、车载充电器）；

2）实现高压直流电转化低压直流电为整车低压电器系统供电（即 DC/DC 变换器）；

3）实现整车高压回路的配电功能以及高压漏电的检测功能（即高压配电盒和漏电传感器的功能）；

4）直流充电升降压功能；

5）另外还包括车载局域网 CAN 通信、故障处理记录、在线编程以及自检等功能。

图1-1-63 比亚迪 e5 高压电控总成

（10）整车控制器

整车控制器（VCU 或 VCM，整车控制单元或模块）通常安装在前机舱（参照图1-1-61）或驾驶室内（图1-1-64）。VCU 是全车动力系统的主控制模块，是实现整车控制决策的核心，类似于传统燃油汽车动力系统控制模块 PCM 的功能。VCU 通过采集加速踏板、档位、制动踏板等信号来判断驾驶人的驾驶意图；通过监测车辆状态（车速、温度等）信息，由 VCU 判断处理后，向动力系统、动力蓄电池管理系统发送控制命令，同时控制车辆其他系统的运行模式。

（11）漏电传感器

漏电传感器位于后排座椅底部，主要用于监测动力蓄电池与车身的漏电电流。
如图1-1-65 是比亚迪 e6 的漏电传感器。

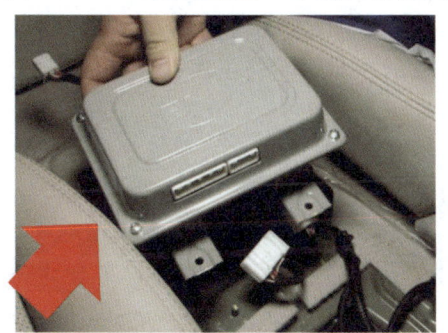

图1-1-64 比亚迪 e6 整车控制器 VCU

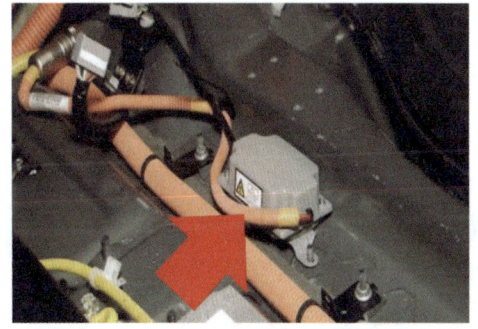

图1-1-65 比亚迪 e6 的漏电传感器

（12）维修开关

维修开关是电动汽车中一种常用的手动操作设备，用于直接断开电动汽车中的高压电，保证能安全对电动汽车进行维修检查工作。如图1-1-66 是比亚迪 e6 的维修开关。

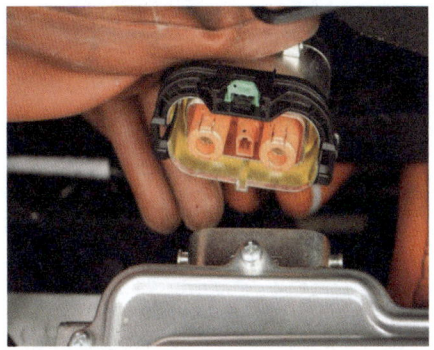

图1-1-66 比亚迪 e6 的维修开关

第二节 新能源汽车性能特征与评价参数

如果你的亲友（工薪阶层）想买一辆新能源汽车，向你咨询。你能正确对比市场上的新能源汽车，并给他合理的建议吗？

一、新能源汽车有哪些性能特征？

从技术的角度分析，新能源汽车具有传统燃油汽车无法通过改进内燃机或变速器来获取基本性能的优势。

1. 节省燃油

如果是纯电动汽车，无须消耗燃油。单一内燃机动力的汽车，为了满足不同工况的需求，其空燃比会偏离最佳空燃比（14.7:1），从而导致油耗增加和排放变差。混合动力汽车是通过驱动电机的动力输出，来弥补汽车行驶工况变化时内燃机的不足，始终工作在最佳的空燃比附近，节省30%~50%的燃油。

如图1-2-1所示，混合动力汽车内燃机能够在不同工况下保持稳定转速。

2. 良好的动力输出性能

如果是纯电动汽车，驱动车辆的驱动部件是电机。电机具有加电后反应快、低速输出扭矩大等特点，把这一特性再通过变速器输出到车轮上，汽车表现出来起步快，同时运转平稳流畅，具备无级变速器的优秀品质。

如果是混合动力汽车，驱动力通常来自内燃机输出动力和驱动电机输出动力，相比较于传统燃油汽车仅有一种内燃机动力来源，混合动力汽车能够在车辆急加速的情况下，及时通过调动电机或者增加电机的输出功率的方式来提升输出转矩，增加车辆的动力性。而传统燃油汽车如果需要做到快速加速，就必须通过增加燃油供给，并经过一个完整的吸气、压缩、做功、排气的工作循环，导致输出动力的滞后性。

如图1-2-2所示是混合动力汽车采用电机辅助来平滑输出转矩的曲线图。

图1-2-1 混合动力汽车保持稳定的转速

图1-2-2 混合动力汽车平滑输出转矩

3. 实现自动停机与自动启动控制性能

绝大部分新能源汽车采用的自动启停系统能够轻松实现自动停机与自动启动的控制，纯电动汽车在停车等待红灯时，只需要关闭供给电机的电能即可实现零能量消耗。混合动力汽车的内燃机通常会取消传统的12V起动机，改由驱动电机来直接驱动内燃机的起动。能够进一步降低车辆在怠速时的燃油消耗和尾气排放。

如图1-2-3是自动启停系统的工作示意图。

图1-2-3 自动启停系统的工作示意图

4. 能量利用率更高

根据传统燃油汽车的内燃机能量消耗主要方式（图1-2-4），真正能够把燃油产生的能量用于驱动车辆大约只有25%~35%，而纯电动汽车能量有效利用率超过了50%。即使是混合动力汽车，可以通过电力系统的辅助来优化内燃机的工作，特别是混合度较高的混合动力系统，大部分时间都是纯电力驱动，其能量利用率也能大幅的提高。

此外，新能源汽车有一个很重要的能量利用方式就是制动能量回收。制动能量回收是指通过连接车辆驱动轴的电机，在新能源汽车需要制动时，先给电机上加载负荷让电机利用这个负荷来发电，逆向拖动车辆制动的一种方式。制动能量回收可以有效降低因制动导致的摩擦能量消耗。

图1-2-4 传统燃油汽车内燃机能量消耗主要方式

二、新能源汽车有哪些性能评价参数？

传统燃油汽车的性能评价参数包括：动力性、燃油经济性、制动性、操控稳定性、平顺性以及通过性等。对于新能源汽车，如何评价其性能呢？

如图1-2-5所示，新能源汽车评价参数包括续驶里程、驱动功率、充电时间、百公里耗电量以及使用的方便性等。

图1-2-5 新能源汽车评价参数

1. 续驶里程

续驶里程关系着车主的使用经济利益,也关系着整车的技术性能。

对于纯电动汽车,是指从充满电的状态下到实验结束时所行驶的距离,以千米(km)作为单位。例如,2017款江淮iEV6e纯电动汽车(图1-2-6)的续驶里程在60km/h车速下是205km,在综合工况下是170km。

图1-2-6 江淮iEV6e纯电动汽车及主要参数

对于混合动力汽车,续驶里程会分成纯电动行驶里程和燃油行驶里程。例如,上汽荣威e550混合动力汽车(图1-2-7)的纯电动行驶里程56km。纯电动行驶里程越大的混合动力汽车被认为是性能更加优越的。我国目前对新能源汽车(混合动力)的补贴也是以纯电动行驶里程为基准的。

影响新能源汽车续驶里程的因素,除了外部因素,如道路状况、交通拥堵、气候环境、驾驶习惯等外,内部因素主要是动力蓄电池能量(容量)与技术性能,还包括车辆本身的质量以及对能量的利用率等。

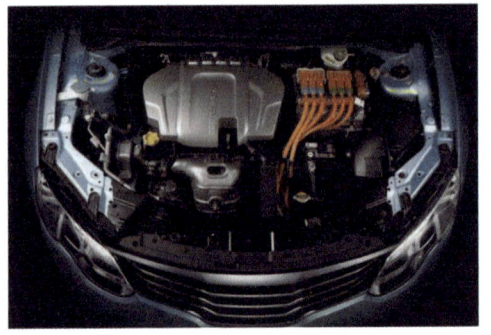

图1-2-7 荣威e550混合动力汽车前机舱

2. 驱动功率

驱动功率是衡量新能源汽车动力性的重要指标,直接影响到汽车的加速性能和最高车速。纯电动汽车的驱动功率唯一的来源就是驱动电机;而混合动力汽车的驱动功率在纯电动行驶模式下,是由电机来提供的,在混合动力驱动模式下一般是内燃机与电机的组合。

3. 充电时间

纯电动汽车及插电式混合动力汽车的充电时间,是指采用指定的方式,对动力蓄电池的电量处于最低状态下,进行充满电所需要的时长。充电时间的长短影响消费者对购买新能源汽车车型的选择。

充电时间的长短与很多因素有关，包括动力蓄电池容量、充电方式，以及充电时的环境因素等。根据目前的技术状况，大多数的纯电动汽车快充（直流电）需要 20～30min 可充 50%，1～1.5h 就充满了，慢充（交流电）则需要 6～12h。

4. 百公里耗电量

传统燃油汽车的车主需要支付燃油的费用，而电动汽车需要支付充电的费用。相对于传统燃油汽车的百公里油耗而言，新能源汽车（电动汽车）涉及到百公里耗电量。一般情况下，纯电动汽车百公里耗电量在 13～15kW·h。

如图 1-2-8 是纯电动汽车电力消耗的分布图。

图 1-2-8　纯电动汽车电力消耗的分布图

5. 使用的方便性

使用的方便性指的是汽车与外部相关配套设施的互联性能，例如充电是否方便，以及车载影音系统、遥控门锁、导航系统等使用便捷性等。

第三节　新能源汽车使用与充电

你所在企业的销售顾问请你协助向已经购车的客户介绍新能源汽车的使用方法及注意事项，你能完成这个任务吗？

一、新能源汽车的驱动原理与运行模式有哪些特点？

要正确使用新能源汽车，应先具备新能源汽车驱动原理与运行模式的知识。

1. 纯电动汽车的驱动原理与运行模式

(1) 纯电动汽车的驱动原理

传统燃油汽车驱动车辆是依靠内燃机做功,通过变速器调节输出动力的传动比与方向,再通过传动轴和车轮实现驱动车辆。而纯电动汽车的电力驱动系统替代了传统燃油汽车的内燃机和变速器,依靠动力蓄电池、带电机及逆变器的变速驱动单元实现车辆的驱动。

纯电动汽车之所以能够实现在不同路况环境下,快速反应并顺利驱动车辆,不仅仅是依靠几个驱动部件来完成的,整个驱动系统还需要一套完善的控制模块,即整车控制器 VCU、驱动电机控制器 MCU(与逆变器集成一体)和动力蓄电池管理系统 BMS,这三个控制模块是纯电动汽车的核心技术,对整车的动力性、经济性、可靠性和安全性等有着重要影响。

纯电动汽车的主控模块是整车控制器 VCU。纯电动汽车运行时,VCU 读取换档信息(P、R、N、D)及制动开关信号,根据加速踏板的位置信号,发送给逆变器控制电机功率、运转方向的输出。VCU 不间断利用各个传感器采集车辆状态,计算并输出期望的转矩。

如图 1-3-1 所示,当驾驶人踩下加速踏板时,整车控制器 VCU 控制动力蓄电池输出电能,然后通过逆变器驱动电机运转,电机输出的转矩经齿轮机构带动车轮前进或后退。

图 1-3-1 纯电动汽车基本驱动系统结构示意图

(2) 纯电动汽车的运行模式

如图 1-3-2 所示,纯电动汽车运行过程中能量的流动主要有以下 2 个路径:

图 1-3-2 纯电动汽车运行过程中能量的流动

1) 驱动车辆时的能量流动:驱动时来自动力蓄电池的能量通过 BDU、逆变器,再进入带电机的变速单元实现车辆驱动。

另外,整车控制器 VCU 还会同时协调动力蓄电池管理系统、热管理系统和仪表显示等辅助功能。动力蓄电池的管理系统 BMS 随时监测动力蓄电池的运行状态,并及时传送给 VCU,VCU 结合这些状态信息及当前的功率输出需求来平衡高压电能功率的使用,并通过仪表显示给驾驶人。例如,整车控制器持续计算剩余的动力蓄电池能量和当前的驾驶模式,根据车辆剩余的可用电能,车辆通常也会采取相应的提示和限制措施。如图 1-3-3 是仪表显示的动力蓄电池能量状态。

图 1-3-3
仪表显示的动力蓄电池能量状态

2）制动减速时的能量回收：制动或车辆减速时，变速单元内的驱动电机将变成发电机，将能量通过逆变器、BDU 传回动力蓄电池，为动力蓄电池充电。

注意：
当 ABS 被激活或者 ABS 故障的时候，整车控制器 VCU 将关闭能量回收功能。

2. 混合动力汽车的驱动原理与运行模式

以下介绍混合动力汽车在不同工况下的驱动原理与运行模式。

（1）纯电力模式

由动力蓄电池给驱动电机供电，再由电机驱动车辆行驶，如图 1-3-4 所示。在车辆低速行驶时，内燃机的气缸处于关闭状态，只靠电机驱动车辆行驶，即纯电力运行模式。有些混合程度较重的车型，在起步时也是由纯电力驱动，内燃机处于关闭状态。

图 1-3-4
纯电力模式

（2）传统燃油模式

由内燃机直接驱动车辆行驶，如图 1-3-5 所示。

图 1-3-5
传统燃油模式

在车辆处于高速巡航的状态下，电机通常被关闭，只由内燃机进行驱动，以稳定的低油耗行驶。因为在这种工况下，内燃机的运行也是在最经济的油耗下进行的。

（3）全速驱动模式

需求更大加速度时，电机和内燃机一起传输动力驱动车辆行驶，如图1-3-6所示。

图1-3-6
全速驱动模式

在急加速状态下时，如果此时内燃机已经启动，那么会由电机辅助内燃机提供强有力的加速动力。如果内燃机在未启动状态时，遇到大负荷情况下，系统会自动启动内燃机来为车辆提供更高的动力。

有的混合程度较轻车型，在起步时电机也会辅助内燃机驱动，提供强有力的加速能力，同时减少内燃机起步时因为惯性阻力增加导致油耗的加大。

（4）能量回收模式

在制动或惯性滑行中释放出多余能量，并通过发电机将其转化为电能，如图1-3-7所示。

图1-3-7
能量回收模式

车辆减速时，控制系统会优先执行制动能量回收，将制动能量转化为电能存储在动力蓄电池中，此时内燃机会被关闭，减少能耗，提高充电效率。

（5）驱动与发电模式

当动力蓄电池电量过低时，由内燃机驱动车辆行驶的同时，驱动轮牵引发电机给动力蓄电池充电，如图1-3-8所示。

图1-3-8
驱动与发电模式

（6）怠速停机及充电模式

混合动力汽车具有最大的特点是在怠速时，内燃机会被自动停止，此时能源消耗和排放为零，如图1-3-9所示。

图1-3-9
怠速自动停机模式

如果动力蓄电池的剩余电量过低，怠速时由内燃机带动发电机给动力蓄电池充电，如图1-3-10所示。

图1-3-10
怠速充电模式

二、新能源汽车的启动和操控与传统燃油汽车有什么区别？

1. 纯电动汽车启动与操控

（1）启动方法

绝大多数的纯电动汽车采用智能钥匙。启动时，钥匙应在车内，按下POWER或START启动开关，可启动车辆（即"上电"）。启动后，OK或READY灯点亮。如图1-3-11所示是比亚迪e5的启动开关与OK指示灯；如图1-3-12所示是吉利帝豪EV300的启动开关与READY指示灯。

图1-3-11　比亚迪e5的启动开关与OK指示灯

图1-3-12 吉利帝豪EV300的启动开关与READY指示灯

启动电机前,一定要遵循车辆已挂入P档位、制动踏板被完全踩下的要求。

纯电动汽车在启动车辆时,没有像传统燃油汽车有运转的振动和声音。确认车辆是否已经处于启动状态下的主要依据是仪表中的READY或OK指示灯点亮。在READY或OK指示灯点亮前提下,将变速杆从P档移出前务必确认车辆运行方向没有行人和障碍物。

提示:

在下列情况下,电机将不能启动:

按下启动开关时,如果智能钥匙系统钥匙位置指示灯 点亮或者组合仪表信息显示屏显示"未检测到钥匙",并伴随车辆蜂鸣器鸣叫,则表明智能钥匙不在车内。如果智能钥匙的电池电量可能已耗尽,需要按照用户手册要求,将钥匙放到指定的备用启动位置。

驾驶纯电动汽车时,在车辆行驶中不要操作一键启动开关,否则有可能导致车辆紧急下电,车辆失去动力,电动转向助力关闭方向变沉,制动真空泵无法工作不能持续提供制动真空等,影响车辆行驶安全。对于市场上部分使用机械钥匙点火开关的车型,行驶过程中关闭点火开关甚至还会导致方向锁啮合,不能转向。大多数纯电动汽车可以按照以下说明操作,接通电路并启动车辆进入行驶准备就绪状态(READY状态)。以吉利帝豪EV300纯电动汽车为例,如图1-3-13所示,一键启动开关可以操作车辆处于以下4种状态的其中一种:

状态	按钮	通电情况
OFF状态		B+通电
ACC状态		B+、ACC通电
ON状态		B+、ACC、IGN1/IGN2通电
READY状态		B+、IGN1/IGN2通电

图1-3-13 吉利帝豪EV300车辆电源状态

1) OFF状态:未操作一键启动开关时,一键启动开关LED指示灯保持熄灭状态,此时车辆处于OFF关闭状态,全车只有常电电源接通,点火电源IGN1、IGN2及ACC电源断电,此状态下车辆大多数电路不能工作。

2) ACC状态:按下一次一键启动开关,一键启动开关LED指示灯点亮,灯光显示为橙色,此时车辆处于ACC状态,全车常电电源和ACC附件电源接通,点火电源IGN1、IGN2依然断电,此状态下个别附件电器可以工作。

3）ON 状态：系统处于 ACC 状态时，再按下一次一键启动开关，一键启动开关 LED 指示灯保持点亮，灯光显示同样为橙色，同时组合仪表背光亮起，此时车辆处于 ON 状态，全车常电电源、ACC 电源及点火电源 IGN1、IGN2 均接通。此状态下所有的仪表信息、警告灯和低压电路可以工作。

4）READY 状态：系统处于 ON 状态时，踩下制动踏板，此时一键启动开关 LED 指示灯灯光显示由橙色变为绿色，再按下一键启动开关，车辆进入 READY 状态，全车常电电源、ACC 电源及点火电源 IGN1、IGN2 均接通，同时车辆处于启动运行状态。此状态下车辆高压系统正常上电，组合仪表上的绿色 READY 指示灯会亮起，提示车辆已经处于启动运行准备就绪状态。

(2) 档位介绍

纯电动汽车一般采用单级减速传动机构，行驶过程中通过控制电机转速调节车速，无须传统变速机构进行传动比变化的变速控制。一般纯电动汽车的变速杆包括 R、N、D 三个档位控制车辆的行驶驱动状态，部分车型具备 P 档（驻车档）。

提示：

有些车型在监测到高压系统故障时，变速杆不能换入 D 档和 R 档。

如图 1-3-14 所示，吉利帝豪 EV300 新能源汽车的电子变速杆有四个位置：

1）"P" 档（驻车档）：车辆驻车时，挂入此档位。挂入 "P" 档之前，请务必确保汽车已完全停下来，通过按下电子变速杆上方 "P" 档按钮挂入此档位。

在 "P" 档状态下，车辆电机驱动系统停止工作，电机不会输出动力，同时减速器上的 "P" 档电机工作驱动锁止机构固定减速器输出齿轮使车辆锁定不能移动。

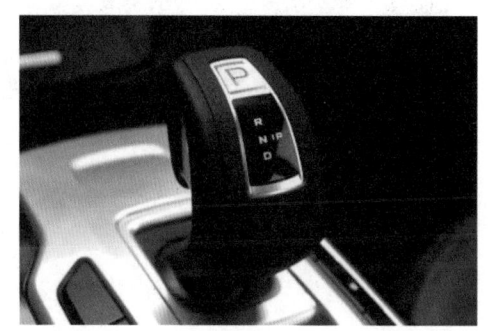

图 1-3-14　吉利帝豪 EV300 电子变速杆

车辆处于 "P" 档时电子变速杆上 "P" 档指示灯点亮，同时仪表会显示车辆处于 "P" 档状态。

2）"R" 档（倒车档）：倒车时挂入此档位。挂入 "R" 档之前，请务必确保汽车已完全停下来。从 "P" 档或 "N" 档挂入 "R" 档时，必须车辆处于 READY 状态、踩下制动踏板，同时往前方推动一下电子变速杆挂入此档位。

在 "R" 档状态下，车辆电机驱动系统进入工作状态，电机按照车辆倒退方向输出动力，同时根据驾驶人操纵加速踏板和车辆负荷等信息控制电机转速和扭矩。

3）"N" 档（空档）：车辆从运行状态停止时，挂入此档位。从 "R" 档挂入 "N" 档时，必须踩下制动踏板，同时往后方拉动一下电子变速杆挂入此档位。从 "D" 档挂入 "N" 档时，必须踩下制动踏板，同时往前方推动一下电子变速杆挂入此档位。若需将变速杆从 "N" 档挂至其他档位，必须先踩下制动踏板，同时操作电子变速杆。

在 "N" 档状态下，车辆电机驱动系统停止工作，电机不会输出动力，但车辆减速器没有锁定，车辆可以被移动（需要人工推车或被拖车拖动时挂入此档位）。

4）"D" 档（前进档）：正常向前行驶时挂入此档位。挂入 "R" 档之前，请务必确保汽车已完全停下来。从"P"档或"N"档挂入"D"档时,必须车辆处于 READY 状态、踩下制动踏板,同时往后方拉动一下电子变速杆挂入此档位。

在"D"档状态下,车辆电机驱动系统进入工作状态,电机按照车辆前进方向输出动力,同时根据驾驶人操纵加速踏板和车辆负荷等信息控制电机转速和扭矩。

(3) 车辆动力模式切换操作

以吉利帝豪 EV300 车型为例,车辆动力模式可以在节能(ECO 模式)和运动(SPORT 模式)间切换,在 ECO 模式下车辆动力输出比较"温和"以达到节能环保舒适的目的,而在 SPORT 模式下车辆动力输出响应快速、强劲。

车辆默认动力模式为 ECO 模式,通过电子变速杆旁边的运动模式按钮可以进行动力模式的切换,在 ECO 模式下按一下运动模式按钮车辆切换成 SPORT 模式,同时仪表背光变成红色行驶模式显示为 SPORT,在 SPORT 模式下再次按一下运动模式按钮可以切换回 ECO 模式。吉利帝豪 EV300 运动模式切换按钮和运动模式仪表显示如图 1-3-15 所示。

图 1-3-15 吉利帝豪 EV300 运动模式切换按钮和运动模式仪表显示

(4) 车辆能量回收强度设置

一般的新能源汽车都具有能量回收功能,在车辆滑行减速和制动时通过反带电机运转发电实现能量回收,同时给车辆施加一个能量回收产生的制动力。该功能可以增加车辆的续驶里程和减少制动片的磨损,但是能量回收的作用使得车辆在滑行减速时有拖拽感,同时也减少滑行距离。在制动时一般纯电动车型能量回收的制动力是在制动系统制动的基础上以叠加方式介入,而且随着车速降低能量回收产生制动力减弱,一定程度上增加了驾驶人对车辆制动力精准控制的难度,因此新能源汽车能量回收的强度可以进行设置以满足驾驶人对车辆减速和制动时特性的不同需求。

以吉利帝豪 EV300 车型为例,能量回收强度通过中控屏幕相应设置菜单中进行,吉利帝豪 EV300 能量回收强度设置菜单如图 1-3-16 所示,吉利帝豪 EV300 能量回收强度设置界面如图 1-3-17 所示。

图 1-3-16 吉利帝豪 EV300 能量回收强度设置菜单　　图 1-3-17 吉利帝豪 EV300 能量回收强度设置界面

(5) 电器操控

纯电动汽车的电器操控与传统燃油汽车基本相同。如图1-3-18是吉利帝豪EV300纯电动汽车的空调操作面板,与传统燃油汽车基本相同。

(6) 纯电动汽车启动与操控步骤示例

以上汽荣威e50为例,介绍纯电动汽车启动与操控步骤,其他车型可参考。

1) 启动前的安全检查:纯电动汽车或增程式电动汽车,在车辆充电期间(主要指连接有充电电缆时),出于安全因素,变速杆禁止移出P档,因此启动车辆前需要检查是否连接有充电电缆,并确认充电口盖关闭(图1-3-19)。

图1-3-18　吉利帝豪EV300纯电动汽车的空调操作面板　　图1-3-19　确认关闭充电口盖

2) 将智能钥匙插入点火端口:点火端口位于转向盘右下方位置,如图1-3-20所示。插入钥匙后,按照表1-3-1操作执行。

3) 观察仪表指示灯:此时READY指示灯应点亮,如图1-3-21所示。在确认安全的前提下,就可以移出P档位,驾驶车辆了。

图1-3-20　将钥匙插入点火端口　　图1-3-21　位于仪表的绿色READY指示灯点亮

表1-3-1　点火开关操作对照表

操作步骤	车辆状态	指示灯
按下点火开关1次	进入ACC档位	红色
按下点火开关2次	进入ON档位	绿色
踩下制动踏板,按下点火开关	启动车辆	绿色

4）仪表指示信息的识别：纯电动汽车在驾驶车辆过程中，与传统燃油汽车相比较，需要识别仪表显示的其他相关信息。如图1-3-22是荣威e50纯电动汽车仪表显示界面，说明如下：

图1-3-22 荣威e50纯电动汽车仪表显示界面

a. 动力蓄电池电量指示表（信息）：与传统燃油汽车相比，纯电动汽车取消了燃油位置表，取而代之的是动力蓄电池电量指示表。表1-3-2是上汽荣威e50动力蓄电池电量指示表，采用数字显示，共6格，并搭配有动力蓄电池电量指示灯。

表1-3-2 上汽荣威e50动力蓄电池电量指示表

格数	电量状态	指示灯
6格	95%以上	白色
5格	85%~95%	白色
4格	65%~85%	白色
3格	50%~65%	白色
2格	35%~50%	白色
1格	35%以下	黄色

b. 电机温度指示表（信息）：纯电动汽车与混合动力汽车通常设计有电机温度指示表，类似于传统燃油汽车的发动机水温表。荣威e50的电机温度指示信息包括一个六格显示的指示灯（图1-3-22仪表右上方）和一个电机过热指示灯（图1-3-23）。通常状态下，显示的格数表示了电机的温度，过高时，电机温度指示灯将变成黄色，提醒驾驶人采取有效措施，避免动力的中断。

图1-3-23 电机过热指示灯

c. 功率输出指示表（信息）：功率输出指示表以kW为指示单位，类似于传统燃油汽车的发动机转速表。该表显示车辆的瞬时功率消耗和回收动力蓄电池的功率。

d. 故障提醒灯：纯电动汽车与混合动力汽车中，仪表所显示的故障指示灯也分为三种类型（表1-3-3）：

表1-3-3 指示灯颜色与措施对照表

指示灯	措施
绿色/蓝色	系统功能正常激活
橙色/黄色	谨慎驾驶，并尽快去维修
红色	立即停车，等待维修

e. 使用车辆信息显示功能：纯电动汽车与混合动力汽车通常会在车载信息娱乐系统中增加有与整车相关联的信息显示系统。通过该系统可以直观了解车辆的实时状态，如图 1-3-24 所示。

图 1-3-24　荣威 e50 车辆运行过程中的实时信息

步骤一：打开车载信息娱乐系统显示屏；
步骤二：选择主页按钮；
步骤三：选择车辆信息按钮，车辆显示实时车辆数据。

在荣威 e50 纯电动汽车中，车辆的实时数据包括动力蓄电池电压、驱动电机转速和动力蓄电池的当前输入/输出电流值，这些信息将帮助驾驶人更好地掌握车辆的状态，安全并高效驾驶。

2. 混合动力汽车启动与操控

混合动力汽车的启动与操控和传统燃油汽车类似，但不同的汽车制造商，可能在启动习惯与便捷性上做了更多的改进，其启动原理与操控方式基本相同。

以比亚迪秦和丰田混合动力（卡罗拉双擎）汽车为例，介绍混合动力汽车的启动与操控方法。

（1）比亚迪秦混合动力汽车启动与操控

1）启动前的车辆检查：检查充电枪是否正在连接车辆，否则应移出充电口。如图 1-3-25 所示。

图 1-3-25　充电枪移出充电口

2）启动车辆：携带启动钥匙，踩下制动踏板，按下转向盘下方的启动按钮，启动车辆。启动成功后，仪表显示车辆运行状态信息，如图 1-3-26 所示。

3）移出 P 档驾驶车辆：与纯电动汽车不同的是，混合动力汽车有两套能源（内燃机和动力蓄电池）系统。目前大多数车辆的两套系统之间是由车辆控制系统根据车辆运行状态自行切换的，但比亚迪秦混合动力汽车在变速杆附近设计有 HEV 和 EV 按钮，可以根据驾驶人的需求切换两种运行模式，如图 1-3-27 所示。

图 1-3-26　启动车辆以后仪表显示信息

图 1-3-27　模式切换指示灯和 POWER 启动电源指示灯

4)驾驶中的个性化设置:驾驶车辆过程中,可以通过车载信息娱乐系统中的显示屏,个性化设置车辆的辅助功能,如图1-3-28、图1-3-29所示。

图1-3-28 比亚迪秦车辆信息显示屏

图1-3-29 比亚迪秦车辆设置显示菜单

(2)丰田混合动力汽车仪表及其他系统操控

如图1-3-30是丰田混合动力(卡罗拉双擎)汽车仪表与信息系统,仪表显示界面可以显示车辆状态、运行状况、档位信息以及混合动力系统信息。

1)READY指示灯和能量表:混合动力汽车取消了内燃机转速表,车辆在启动状态下内燃机可能不一定运转,因此设置单独的READY指示灯来提示车辆已经启动的信息。图1-3-31是丰田卡罗拉双擎的READY指示灯及能量表、速度表。

图1-3-30 丰田混合动力(卡罗拉双擎)汽车仪表与信息系统

图1-3-31 丰田卡罗拉双擎的READY指示灯及能量表、速度表

2)驱动模式开关及模式切换:如图1-3-32所示,丰田卡罗拉双擎有EV(纯电)、ECO(经济)和PWR(运动/性能)模式可以进行手动模式切换。

打开EV开关,模式指示灯将点亮。在EV驱动模式下,仅通过由混合动力蓄电池供电的电机来驱动车辆。EV行驶模式可以在以下情况被激活:

- 车辆行驶速度达一定数值(40km/h)。
- 内燃机已经暖机。
- 动力蓄电池正常状态。

如图1-3-33所示,如果选择进入运动模式后,指示灯会自动变成红色。如果动力蓄电池电量不足,内燃机将对动力蓄电池充电,即自动进入充电模式。

新能源汽车认识与使用

图1-3-32　丰田卡罗拉 EV、ECO、PWR 模式开关

图1-3-33　丰田卡罗拉双擎运动（性能）模式、经济模式、充电模式

如图1-3-34所示，当车辆进行制动减速时，混合动力系统自动进入制动能量回收模式，车辆的动能转化为电能对动力蓄电池充电，达到节能的目的。

3）仪表个性化设置：丰田卡罗拉双擎仪表行车电脑可显示丰富的信息，并且可以根据个人喜好进行自定义切换。如图1-3-35~图1-3-37所示。

图1-3-34　丰田卡罗拉双擎制动能量回收模式

图1-3-35　丰田卡罗拉双擎仪表行车电脑显示丰富的信息

图1-3-36　丰田卡罗拉双擎仪表自定义界面切换

图1-3-37　丰田卡罗拉双擎仪表背景颜色切换

4）启动配置：丰田卡罗拉全车系标配有一键启动系统，启动按键设计为时尚的"混动蓝"，如图1-3-38所示。

对于遥控钥匙，卡罗拉豪华车型配有卡片遥控钥匙，其他车型为普通遥控钥匙，如图1-3-39所示。为避免出现遥控钥匙因电量不足等原因造成不便，车辆配备机械钥匙，必要时可以用机械钥匙打开车门，如图1-3-40所示。

图1-3-38　丰田卡罗拉一键启动按键

图1-3-39 丰田卡罗拉遥控钥匙

图1-3-40 丰田卡罗拉机械钥匙

5）操控配置：丰田卡罗拉双擎的变速器采用电子变速杆（档把），档位切换力度较轻，如图1-3-41所示。驻车制动则采用与传统燃油汽车一致的机械式驻车制动器，便于操作，如图1-3-42所示。

图1-3-41 丰田卡罗拉双擎电子变速杆

图1-3-42 丰田卡罗拉双擎机械式驻车制动器

（3）混合动力汽车能量图的识别

以丰田混合动力汽车为例，介绍混合动力汽车能量图的识别。

1）能量图显示形式：启动车辆，并操作混合动力汽车信息显示屏，找到以下显示信息：

如图1-3-43所示，位于混合动力汽车的车载信息娱乐系统显示屏或仪表信息显示中心，均设计有车辆运行状态的实时能量图。能量图指示了行车过程中动力蓄电池与驱动电机之间电能的流动情况。

2）能量图显示以下状态信息：

电源关闭：动力蓄电池驱动没有电能流向车轮。

动力蓄电池驱动：当电能从动力蓄电池流向车轮时，动力蓄电池图标会被激活。

制动能量回收：当车辆进行再生制动或者滑行时，再生的电能会由车轮返回至动力蓄电池。

如图1-3-44所示，有些混合动力汽车仪表中都会设计有一个类似功能的能量指示符号，该符号指导以有效率的方式驾驶，要求保持屏幕中球体为绿色，且处于仪表中间，此时车辆的燃油经济性或电力使用的效率最高。

当加速时：如果球体变黄并向上运行，表示加速过猛，不利于效率最佳化。

当制动时：如果球体变黄并向下运行，表示制动过猛，也不利于效率最佳化。

图1-3-43 丰田混合动力汽车能量图显示界面

图1-3-44 混合动力汽车能量球

三、新能源汽车如何进行充电？

1. 新能源汽车充电技术概况

动力蓄电池补充电能主要通过电网的交流电能转换为动力蓄电池需要的直流电能。充电系统是电动汽车（包含纯电动汽车和插电式混合动力汽车）的能源补给系统，为保障车辆持续行驶提供动力能源。

（1）充电系统功能

1）将家用交流电进行电力变换为电动汽车充电，供给与动力蓄电池额定条件相对应的电力。

2）根据动力蓄电池的实时状态控制充电的启动和停止，充满后应自动停止充电。

3）根据动力蓄电池的电量、温度，控制充电电流的调节和动力蓄电池的加热。

4）可根据充电时长的需求来选择充电模式，即：快充或慢充模式。

5）采用国际通用的快速充电口，输入电源可以用交流电，也可以用直流电。

（2）充电技术关键

由于快速充电系统需要强大的瞬时功率，充电时的安全性，以及电网的承载能力是一个关键的制约因素，因此电动汽车最关键的技术问题是如何能实现高效率的快速充电。

电动汽车充电电流比较大，如果用普通220V电源插头，强大的充电电流会把插头和导线烧断，因此需要专门能承受大电流的充电桩。如图1-3-45所示，电动汽车充电桩一般固定在路边或停车场内，利用专用充电口，采用传导方式，为具有车载充电机的电动汽车提供电能，并具有相应的通信、计费和安全防护功能。车主可通过投币或购买专用的IC卡等方式，为电动汽车充电付费。

图1-3-45 充电桩

作为新能源汽车充电系统的配套设施,充电桩的类型可分为直流充电桩、交流充电桩和交直流一体充电桩。一个充电桩可同时为两辆或更多辆汽车充电。为提高公共充电桩的效率和实用性,也会增加一桩多充和为电动自行车充电的功能。

2. 新能源汽车充电系统的类型

新能源汽车的充电系统有多种分类方式。

(1) 按充电方式分类

按充电方式分类,充电系统类型可分为接触式和感应式两种。

1) 接触式:接触式也称耦合或传导式。接触式充电如图 1-3-46 所示,将一根带插头(即"充电枪")的交流电缆直接插到电动汽车的充电口中给动力蓄电池充电。

优点:简单、效率高;缺点:充电电流小,充电时间长。

2) 感应式:感应式充电如图 1-3-47 所示。感应充电器是利用高频交流磁场的变压器原理,通过电磁感应耦合的方式进行能量转换。充电器将 50~60Hz 的普通交流电转换成 80~300Hz 的高频电,然后将高频交流电感应到电动汽车上,从而给动力蓄电池充电。

优点:使用方便,在恶劣的气候环境下进行充电也无触电的危险;充电时间大大缩短。缺点:技术难度大,有电磁辐射。

图 1-3-46　接触式充电

图 1-3-47　感应式充电

(2) 按充电时间分类

按充电时间分类,充电系统类型可分为交流慢充(常规充电)和直流快充(快速充电)两种。

1) 交流慢充:交流充电桩(如图 1-3-48)只提供电力输出,没有充电功能,需连接车载充电器(也称车载充电机)为电动汽车充电。充电桩相当于只是起了一个控制电源的作用。充电时,通过市电(民用)电网电源插头和交流充电桩接入车辆的交流充电口,通过车载充电器将 220V 交流电转为 330V 直流电(以比亚迪 e6 为例)为动力蓄电池进行充电。充电电流约为 15A,充电时间为 5~8h,甚至长达 10~20h。

图 1-3-48　壁挂式交流充电桩

如图1-3-49是交流充电方式示意图，必须通过户外交流充电桩和车载充电器完成充电。

图1-3-49　交流充电方式示意图

2）直流快充：直流快充是通过专业充电站的直流充电桩，将直流高压电直接通过车辆的直流充电口给动力蓄电池充电（不经过车载充电器）。直流快充的充电电流为150~400A，0.5~1h内充到80%左右，1.5h左右即能充满电。

直流充电桩是固定安装在电动汽车外，与三相四线AC380V交流电网连接，直接为动力蓄电池提供直流电源的供电装置。直流充电桩具有车载充电器功能，可以实时监视并控制被充电的动力蓄电池状态，同时，直流充电桩可以对充电电量进行计量。

如图1-3-50是充电站和直流充电桩的示意图。

图1-3-50　充电站和直流充电桩的示意图

如图1-3-51是直流充电方式示意图。

图1-3-51　直流充电方式示意图

（3）更换动力蓄电池的方式

充电难、充电时间长、续驶里程短的问题，一直困扰着新能源汽车用户，特别是对时间要求高的出租车及网约车。因此有的汽车厂家（如北汽新能源）和专家提出解决方案：直接更换充满电的动力蓄电池，并将更换下来的动力蓄电池集中充电。如图1-3-52是更换动力蓄电池的场景。

采用这种方式，具有如下的优点：

1）电动汽车用户可租用充满电的动力蓄电池，更换需要充电的动力蓄电池，有利于提高车辆使用效率，也提高了用户使用的方便性和快捷性。

2）对于更换下来的动力蓄电池，可以利用供电低谷时段进行充电，降低了充电成本，提高了车辆运行经济性。

3）从另一个侧面来看，也解决了充电时间过长乃至动力蓄电池存电量、质量、续驶里程不足及价格高等难题。由于动力蓄电池是租用的，整车售价应大幅度降低。

图1-3-52 更换动力蓄电池

4）可以及时发现动力蓄电池组中电池单元的故障，对于动力蓄电池组的维护工作将具有积极意义。动力蓄电池组放电深度的降低也将有利于提高动力蓄电池的寿命。

采用这种方式同时也面临的几个主要问题：

1）由于动力蓄电池组重量较大，而且涉及高压安全，因此更换动力蓄电池组的专业化要求较高，需配备专业人员借助专业设备来快速完成动力蓄电池组的更换、充电和维护。

2）动力蓄电池与电动汽车的设计制造必须标准化。

3）充电站的建设和管理，以及动力蓄电池的流通管理等。

3. 新能源汽车的充电操作

（1）充电电源选择

在电动汽车充电市场并未完善的情况下，充电手段参差不齐，甚至直接将充电枪插到家用电源插座上充电的现象也并不少见，如图1-3-53所示。

由于技术和工艺的限制，目前电动汽车车载充电器功率都比较小，一般3kW左右，采用220V家用电的电流在16A左右，而一般情况下入户电流容量最大不超过16A，因此家用电缆会因过载工作而有可能引起火灾。如图1-3-54所示，私拉电缆充电可能造成安全隐患。

图1-3-53 私拉电缆充电

图1-3-54 私拉电缆充电造成安全隐患

国家在电动汽车充电方面有严格的标准，用户必须使用专用的充电桩对车辆进行充电，因为专用的充电桩能够根据供电电源的容量自动限制车载充电器的充电功率，并能在出现故障后安全可靠的切断电源，避免火灾等事故发生。国家标准中不建议在没有充电桩的情况下进行充电，更是禁止在没有充电桩的情况下采用三相工业用电进行充电。电动汽车用户需要注意的是，如不按照国家标准或不按照电动汽车充电使用手册进行，那么出事故后用户是不能得到国家的相关标准保护的。

（2）充电桩和充电口选择

1）慢充（交流）充电桩和充电口：慢充（交流）充电桩和主要技术参数如图1-3-55所示。

项目	参数	项目	参数
充电连接器	IEC/GB	安装	落地安装 壁挂安装
人机界面	LCD/LED/VFD 键盘	通信	RS485/2G/3G
计费装置	RFID/IC card	环境温度	-20～50℃
供电	220V±10% 50±1Hz	环境湿度	5%～95%
输出电压	单相 AC 220V±10%	海拔	≤2000m
输出电流	≤32A	平均无故障工作时间	≥8760min
IP	IP55		

图1-3-55　慢充(交流)充电桩和主要技术参数

充电桩可以采用停车位桩体式充电桩（落地安装，如图1-3-56）（250V/AC　32A/16A）和家用车库壁挂式（250V/AC　16A）充电桩（图1-3-57），也可以采用随车配置（图1-3-58）的家用插座交流充电器（240V/AC　8A）。

慢充（交流）充电口在实车上的位置通常位于前车标或原"加油口"的位置，可根据相关车型的资料确定。如图1-3-59所示是宝马i8慢充充电口的位置。

图1-3-56　停车位桩体式充电桩

图1-3-57　家用车库壁挂式充电桩

图1-3-58 随车配置的家用插座交流充电器

图1-3-59 宝马i8慢充充电口的位置

2）快充（直流）充电桩和充电口：直流充电的充电桩和主要技术参数如图1-3-60所示。

内容	技术指标
额定输出电压	DC 750V（200~750V）
额定输出电流	DC 100A/250A/400A
输出稳压精度	≤±0.5%
输出稳流精度	≤±1%
功率因数	≥0.99（含APFC）
效率	≥0.93（半载以上）

图1-3-60 快充（直流）充电桩和主要技术参数

快充充电口在实车上的位置与慢充类似，如图1-3-61所示是北汽新能源快充充电口在实车上的位置。

(3) 充电时的注意事项

1）插电式混合动力车辆插有充电电缆时不要加油，与易燃物品保持安全距离。否则未按规定插入或拔出充电电缆时存在因燃油燃烧等导致人员受伤或物品损坏的危险。

2）通过家用电源插座为高压动力蓄电池充电会导致插座上持续出现较高的负荷。因此必须遵守以下说明：

图1-3-61 北汽新能源快充充电口在实车上的位置

- 不要使用适配器或延长电缆。
- 充电结束后首先拔出车辆一端的充电插头，然后再拔出充电桩一端的充电插头。
- 避免绊倒危险以及注意充电电缆和插座机械负荷。
- 不要使用损坏的电源插座和充电电缆。
- 为高压动力蓄电池充电时，充电插头和充电电缆可能会变热。如果变得过热，则充电插座可能不适合充电或充电电缆已损坏，应立即中止充电并让电气专业人员进行检查。
- 反复出现充电故障或中断情况时，联系具有资质的维修人员。
- 仅使用防潮和防侵蚀的插座。
- 不要用手指或物体接触插头触点区域。

- 切勿自行维修或改进充电电缆。
- 进行清洁前将电缆两侧均拔出，注意电缆不要浸入液体内。
- 充电期间不允许进行自动洗车。
- 仅在经过电气专业人员检查的插座上进行充电。
- 在不了解的基础设施/插座上充电时，应阅读并遵守用户手册内的特殊说明。在车上将充电电流设置为"较低"。

（4）为车辆充电前的充电模式设置

纯电动汽车都设计有充电模式的选择，通过车辆显示屏可以设置充电模式，包括即插即充或预约充电等，如图 1-3-62 所示。更多信息请参照相关车型的用户手册及其他技术资料。

图 1-3-62　比亚迪纯电动汽车充电模式设置

以比亚迪 e6 的充电模式设置为例，该车辆有两种充电模式：

1）即时充电（即插即充）：预约充电关闭时，当充电器连接好后车辆自动开始充电。预约充电打开时，任何时候都可以使用即时充电按键实现立即充电，方法如下：

　　a. 电源档位退至 OFF 档；

　　b. 按一下即时充电按键，组合仪表提示"即时充电功能开启，请在 15min 内连接充电器"；

　　c. 15min 内连接充电器实现立即充电。

2）预约充电（按照设置的充电时间对车辆定时充电）：在显示屏上利用定时器可以制定动力蓄电池的充电时间，定时器包含充电开始时间、充电结束时间，一周中的每一天都可以单独设置定时器。

注意：

　　a. 定时器设置成功后马上生效，进入倒计时；

　　b. 只要充电开始时间设置完成，定时器就有效；

　　c. 只有充电结束时间设置时，不可保存设置；

　　d. 根据定时器开始充电后，重新设置定时器后，根据最新的设置进行倒计时。

（5）为车辆进行充电

以交流慢充充电桩为例，介绍对纯电动汽车的充电操作步骤。

操作步骤：

将车辆与交流充电桩的交流充电器相连，实现交流充电。

1）关闭车辆启动开关。

2）设置即时充电模式。

3）打开充电口盖拉索，如图1-3-63所示。

4）打开交流充电口盖，如图1-3-64所示。

图1-3-63　打开充电口盖拉索　　　　　图1-3-64　打开交流充电口盖

5）连接车辆端交流充电器，仪表点亮充电连接指示灯，如图1-3-65所示。

6）充电桩设置启动充电，如图1-3-66所示。

图1-3-65　连接车辆端交流充电器　　　　　图1-3-66　充电桩设置启动充电

7）结束充电后，断开交流充电器，按下开关，拔出交流充电器，并将其放在指定位置。如图1-3-67所示。

8）关闭充电口盖（内外），如图1-3-68所示。

9）交流即时充电结束。

 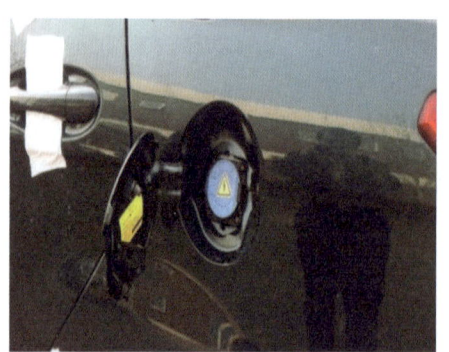

图1-3-67　断开交流充电器　　　　　图1-3-68　关闭充电口盖

第二章
新能源汽车高压安全与防护

纯电动汽车与混合动力汽车具有高电压,在使用、维护、维修中需要防止高电压对人体的伤害。本章包含2个单元:

①新能源汽车高压部件识别与防护;
②新能源汽车维修操作规范与应急处理。

通过以上2个单元的学习,你将掌握高压电的相关理论,熟悉新能源汽车高压部件的位置以及防止事故的安全设计,并学会如何在实际工作中避免高压电对人体的伤害。

第一节 新能源汽车高压部件识别与防护

作为新能源汽车专业的人员，你知道如何避免高压触电事故的发生吗？如果有一天遇到了一位同事因违章操作导致了触电事故，此时你应该如何及时去帮助他？

一、人体为什么会触电？

新能源汽车具有高电压，对人体会产生伤害。无论是研发、生产，还是售后技术人员，如果没有正确认识新能源汽车具有的高压风险，并正确处理涉及到的高电压工作区域的防护，都可能导致严重伤害。

1. 电压的安全级别

依据国家标准 GB/T 18384.3—2015《电动汽车 安全要求 第3部分：人员触电防护》的要求，考虑到空气的湿度和人体在不同工作环境下的电阻，根据不同电压等级可能对人体产生的伤害和危险程度不同，在新能源汽车中将车辆电压按照类型和数值分为以下2个安全级别（表2-1-1）：

A级是较为安全的电压等级，该电压下的维护人员不需要采取特殊的防电保护。

B级对人体会产生伤害，属于高电压，必须采取必要的防护设备对维护人员进行保护。

表2-1-1 电压的安全级别

电压安全级别	工作电压（单位：V）	
	DC（直流）	50~150Hz AC（交流）
A	$0 < U \leq 60$	$0 < U \leq 25$
B	$60 < U \leq 1000$	$25 < U \leq 660$

2. 人体安全电压与致命电流

人体的电阻、所处的工作环境有所不同，因此每个人对电流流过身体的反应也不一样。国际上对安全电压通行的认识是直流60V以下，交流25V以下。当人体接触到25V以上的交流电，或60V以上的直流电时，人体就有可能会发生触电事故。直流电压与交流电压都会对人体产生伤害，但是直流电压对人体伤害的程度却只有交流电压的一半。

如图2-1-1所示，电流越大、时间越长对人体的伤害也就越严重。

人体之所以导电，主要的原因是血液含有电解液成分，电解液成分导致了导电性。而人体的皮肤、肌肉也具有一定的导电能力。对于大多数人，整个身体的总电阻值是很低的，特别是有主动脉的地方（胸腔部位和躯干），而最大的危险发生在电流通过人体心脏时刺激心脏产生的异常颤振。如图2-1-2所示，假如一个人的电阻是1080Ω，接触到288V的直流电压，根据欧

图2-1-1 电流对人体的伤害

姆定律：

$$人体电流\ I = U/R = 288\ \text{V}/1080\ \Omega \approx 0.27\ \text{A}$$

也就是穿过人体电流达270mA，这个电流值如果在心脏的滞留时间达到大约10～15ms（毫秒）就会致命！

图2-1-2 人体的电阻与通过人体的电流

3. 人体触电的方式

人体产生触电前提是人体与所接触的电源之间形成了回路，有电流流经人体后才会导致触电。

新能源汽车的高压系统是与车身之间隔离的，在如图2-1-3所示的情况下，人体是不会产生触电的，原因就在于人体没有与电源之间形成回路。但是，当新能源汽车的高压部件发生对车身搭铁（接地）故障时，即如图2-1-4所示的情况下，人体就可能发生触电事故。

电流通过人体的心脏、肺部和中枢神经系统的危险性较大，因此从手到脚的电流途径最为危险，因为沿该条途径有较多的电流通过心脏、肺部等重要器官；其次是从一只手到另一只手的电流途径，如图2-1-5所示。

图 2-1-3 非触电情况

图 2-1-4 触电情况

图 2-1-5 最危险的触电形式

4. 高压电对人体的伤害形式

能够最终对人体产生伤害的是电流，电流对人体的伤害有三种形式：电击、电伤和电磁场伤害。

1）电击是指电流通过人体，破坏人的心脏、肺及神经系统的正常功能。

2）电伤是指电流的热效应、化学效应和机械效应对人体的伤害。主要指电弧烧伤、熔化金属溅出烫伤等。

3）电磁场生理伤害是指在高频磁场的作用下，人会出现头晕、乏力、记忆力减退、失眠、多梦等神经系统的症状。

此外，触电还容易因剧烈痉挛而摔倒，导致电流通过全身并造成摔伤、坠落等二次伤害事故。

一般情况下，产生最多的伤害是电击事故，其主要类型包括：

1）电击效应：电流低于导通限值时，会有相应的电击反应，从而容易因肢体不受控制和失去平衡而导致受伤，如图 2-1-6 所示。

2）热效应：电流导入导出点处会发生烧伤和焦化，也会发生内部烧伤。结果是导致肾脏负荷过大，甚至造成致命的伤害。如图 2-1-7 是类似电击产生的热效应形式。

3）化学效应：血液和细胞液成为电解液并被电解，结果会发生严重的中毒。中毒情况可能在几天后才能被发现，因此伤害极大。

图 2-1-6 电击效应伤害

4）肌肉刺激效应：所有的身体功能和人体肌肉运动都是由大脑通过神经系统的电刺激来控制。如果通过人体的电流过高，肌肉开始抽搐，大脑再也无法控制肌肉组织。例如，握紧的拳头再也无法打开或者移动。如果电流经过了胸腔，肺部会产生痉挛（呼吸停止），心脏的跳动节奏会被中断（心室纤维化颤动，无法进行心脏的收缩扩张运动）。

5）发生静态短路的热效应：拆装工具急剧发热，会导致材料熔化，从而可能发生烧伤事故。

6）由于短路引起火花：金属很快熔化，产生飞溅的火花，飞溅出来的金属颗粒温度超过5000℃！可能引起烧伤以及严重伤害眼睛。

7）带电高压线路接通和断开时所产生的弧光：如图2-1-8所示，高压击穿空气产生电弧，光辐射可能造成电光性眼炎。

图2-1-7　类似电击产生的热效应形式

图2-1-8　高压击穿空气产生电弧

二、新能源汽车上哪些部件会有高压？

1. 新能源汽车高压标识

为防止意外触及高压系统，新能源汽车对高压部件均采用特殊的标识或颜色，对维修人员或驾乘人员给予警示。新能源汽车通常采用两种形式进行高压的标识警示：

（1）高压警示标识

如图2-1-9所示，新能源汽车上的高压部件标有国际标准危险电压警示标识：黄色或红色底色，高压触电图标。

（2）高压警示颜色

由于高压电缆可能有几米长，因此在一处或两处通过警示牌标记意义不大。带高压的车辆上，用橙色警示色标记出所有高压电缆，涉及高压安全插头也采用橙色设计。如图2-1-10所示是电缆及插头的高压警示颜色。

图2-1-9　高压警示标识

图2-1-10　电缆及插头的高压警示颜色

2. 新能源汽车高压的类型

新能源汽车（纯电动汽车和混合动力汽车），其高压系统均同时具有直流高压和交流高压。直流高压主要分布在动力蓄电池到各个驱动部件的位置，如动力蓄电池到驱动电机逆变器之间的连接，动力蓄电池到高压压缩机之间的连接都是直流高压，如图2-1-11所示。

图2-1-11 高压的类型及分布

交流高压主要分布在逆变器与驱动电机之间，以及充电口与车载充电器之间。不同的是逆变器与驱动电机之间的交流高压通常都在300～600V（根据车型不同），而充电口与车载充电器之间的交流高压即为外部电网的220V的电压。

3. 新能源汽车高压部件的安装位置

（1）高压部件主要集中在整体式车身的外部

除了少数的混合动力汽车动力蓄电池安装在车辆后部位置外，大多数车辆动力蓄电池、驱动电机控制器（逆变器）等都布置在乘客舱外部，而且高压电缆也是沿着底盘外布置的。

如图2-1-12是北汽新能源纯电动汽车位于底盘的橙色高压电缆位置。

（2）高压部件具有明显的橙色标识

高压部件都具有明显的橙色标识，或者在醒目位置粘贴有高压标识，如图2-1-13所示。

图2-1-12 北汽新能源纯电动汽车位于底盘的橙色高压电缆位置

图2-1-13 北汽新能源纯电动汽车高压电缆采用橙色绝缘层

(3) 新能源汽车高压部件的位置

如图 2-1-14 所示，新能源汽车的高压部件主要集中在驱动系统、电源系统、充电系统以及空调与加热系统几个位置。此外，用于连接高压部件之间的电缆也属于高压部件。

图 2-1-14　高压部件在车辆上的位置

4. 新能源汽车存在高压的时间

如图 2-1-15 所示，根据高压存在的时间进行分类，新能源汽车高压系统的高压主要有以下三种存在形式：

图 2-1-15　高压系统存在时间

(1) 持续存在

由于动力蓄电池始终存储有电能，只要满足动力蓄电池的放电条件，即使车辆停止运行，仍然持续存在高压电。

(2) 运行期间存在

运行期间存在高压的部件，是指当点火开关处于 ON、RUN 或其他运行状态下，部件存在高压。驱动电机控制器（逆变器）、高压压缩机、PTC 暖风加热器以及 DC/DC 变换器等部件，只有在系统运行时，来自动力蓄电池的高压才会加载到这些部件上。

运行期间存在高压的系统或部件有两种类型：

1) 只要点火开关处于 ON 或 RUN 状态下就会存在高压，如驱动电机控制器（逆变器）、DC/DC 变换器和连接的高压电缆。

2）虽然点火开关处于 ON 或 RUN 位置，但是由于该系统所执行的功能没有被接通，此时相关的部件仍然不会接通有高压。例如高压压缩机和 PTC 暖风加热器，在没有运行车辆的空调或暖风功能时，这些部件上是不会存在高压的。

（3）充电期间存在

充电系统部件仅在车辆充电期间存在高压，包括来自外部电网的 220V 交流高压（快充则是直流高压），以及车载充电器与动力蓄电池之间的直流高压。

需要注意的是，有些车辆的车载充电器和动力蓄电池设计空调式冷却系统，当在车辆充电期间，由于动力蓄电池可能产生很高的热量，因此车载空调系统会运行来降低动力蓄电池的温度，此时车辆的高压压缩机也会在充电期间运行，也存在高压。

三、从设计的角度，新能源汽车有哪些安全设计相关的内容？

新能源汽车存在的安全风险包括：高压系统短路、高压系统绝缘故障、高压系统脱落、高压充电风险等。根据安全隐患以及实际工作状况，对新能源汽车主要从以下方面进行设计：

1. 维修安全

新能源汽车对维修人员有特殊的安全保护设计，包括以下 4 个方面。

（1）维修开关

大部分的新能源汽车设计有维修开关（Service Switch），可以直接断开高压回路，保证操作人员的安全，如图 2-1-16 所示。

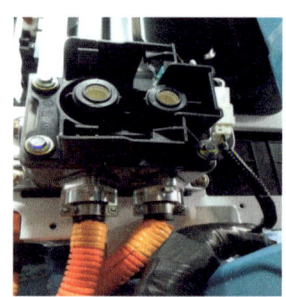

图 2-1-16 维修开关的外形及拆卸后的情形

（2）开盖检测

在高压部件的盖子上设立开盖检测开关（低压），在开盖检测开关断开（盖子被打开）时，系统切断高压。如图 2-1-17 所示是荣威 e50 驱动电机控制器 PEU 上盖的开盖检测开关。

（3）高压互锁

新能源汽车都采用高压互锁（HVIL）回路设计，如图 2-1-18 所示，当高压互锁回路断开时（即某一高压部件的低压或高压连接断开），此时乘员或维修人员有可能会接触到高压电从而造成触电伤害，因此整车控制器 VCU、动力蓄电池管理器 BMS 在检测到断开信号之后应当立即断开相应的高压接触器以切断高压输出。如图 2-1-19 所示，位于橙色高压插接器

图 2-1-17 荣威 e50 驱动电机控制器 PEU 上盖的开盖检测开关

上方设计的低压互锁开关，当该低压互锁开关断开时，系统将切断高压。

图 2-1-18　高压互锁回路示意图

图 2-1-19　互锁开关

（4）电源极性反接保护

如果意外接错电源的正负极，系统将自动切断高压。

2. 碰撞安全

当车辆发生碰撞时，车辆的安全系统应当在碰撞过程中以及碰撞后都要保证相关人员的人身安全。对于新能源汽车来说，除了传统燃油汽车的相关保护需求之外，还应当满足以下要求：

1）碰撞过程中避免乘员和行人遭受触电风险，在保证人员安全的情况下尽量保护关键零部件不受损害。

2）碰撞后保证维修和救援人员没有触电风险。车辆的整车控制器 VCU 通过 CAN 网络监测到安全气囊引爆后，将自动切断高压电路。

图 2-1-20　惯性开关电路示意图

有的新能源汽车上设计惯性开关电路：将惯性开关串联到高压接触器的供电回路中，当发生碰撞时惯性开关断开，从而切断高压接触器的供电电源，此时动力蓄电池的高压输出便会被断开，保证了乘员、行人、维修和救援人员的高压安全。如图 2-1-20 是惯性开关电路示意图。

3. 电气安全

为保证新能源汽车的电气安全，车辆会设计以下安全装置：

（1）高压插接件

如图2-1-21所示，高压部件的绝缘插接件既可防止人员直接接触到高压，还可防水、防尘，减小高压系统绝缘出现问题的风险。

图2-1-21　高压部件的绝缘插接件

（2）高压接触器

在新能源汽车中，除动力蓄电池外，其他高压部件都是由整车控制器VCU或混合动力控制单元通过高压接触器（相当于传统燃油汽车的主继电器）控制高压的接通与关闭的。高压接触器通常被布置在动力蓄电池组总成内部或者是独立在一个BDU（配电箱）中。高压接触器实际上是一个大功率的继电器，用于控制高压电缆和正负极电缆之间的接通与断开。

如图2-1-22所示，高压接触器安装在动力蓄电池与外部高压回路之间，只有当驾驶人将车辆钥匙打到ON档或对动力蓄电池进行充电时，高压接触器才可能会闭合。

图2-1-22　高压接触器控制方式示意图

如图2-1-23所示，在丰田混合动力汽车（普锐斯/凯美瑞双擎/卡罗拉双擎等）的动力蓄电池组端部布置有多个高压接触器。如果控制单元控制接触器断开，整车仅动力蓄电池上会存在高压，位于高压接触器下游的高压系统部件将没有高压。

高压接触器接通条件：

1）点火开关ON。

2）高压系统自检，没有存在漏电等故障。

图 2-1-23　丰田普锐斯/凯美瑞双擎/卡罗拉双擎高压接触器

高压接触器断开条件：

1）点火开关 OFF。

2）高压系统检测到存在安全事件的发生。在以下情况下，会因异常情况自动切断高压，避免人员触电。

　　a. 高压系统自检到部件的互锁开关断开。

　　b. 高压系统自检到部件或高压电缆存在对车辆绝缘电阻过低。

　　c. 车辆发生过碰撞，且安全气囊已弹出。

（3）预充电回路

高压系统中设计预充电回路，预充电回路主要由预充电电阻构成。在动力蓄电池输出高压电之前，先通过预充电回路对动力蓄电池外部的高压系统进行预充电。由于高压部件的高压正、负极之间设计有补偿电容，如果没有预充电电阻，那么在高压回路导通瞬间，补偿电容将会由于瞬间电流过大而烧毁。

如图 2-1-24 所示，高压接触器附近的电阻即为预充电电阻。

（4）绝缘电阻检测

新能源汽车的运行情况非常复杂，在运行过程中难免会出现部件之间的相互碰撞、摩擦、挤压，导致高压电路与车辆底盘之间的绝缘性能下降。高压电源正负极导线将通过绝缘层和底盘构成漏电流回路。当高压电路和底盘之间发生多

图 2-1-24　预充电回路

点绝缘性能下降时，还会导致漏电回路的热积累效应，可能造成车辆的电气火灾。因此，高压电气系统相对车辆底盘的电气绝缘性能实时检测是电气安全技术的核心内容。

高压电气系统通过电流传感器等部件检测车辆的绝缘电阻，当检测到短路（漏电）发生时，高压接触器切断高压的同时启动主动泄放保护和被动泄放保护。以比亚迪 e5 为例：

主动泄放保护：5s 内把预充电容电压降低到 60V 以下，迅速释放危险电能；

被动泄放保护：2min 内把预充电容电压降低到 60V 以下，被动泄放是主动泄放失效的二重保护。

在新能源汽车维修中，可以采用绝缘测试仪测量绝缘电阻（如图 2-1-25 所示）。

判定标准：正对地绝缘阻值及负对地绝缘阻值均大于等于 500Ω/V 为合格。

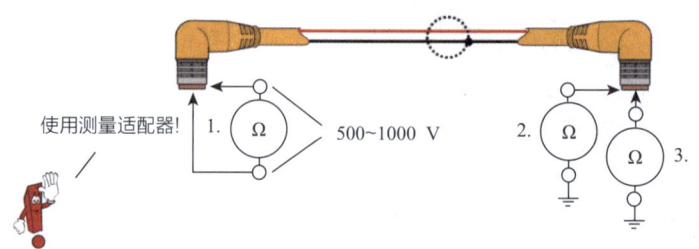

图 2-1-25　绝缘电阻检测

（5）短路保护器

高压系统的每一个高压回路均有短路保护器（熔丝）做过流保护。动力蓄电池总成内部增加了一定数量的高压接触器和短路保护器进行保护，动力蓄电池的每根采样线也有单独的熔丝保护。即使发生碰撞短路，也可保证动力蓄电池总成等高压部件及电缆不会短路损坏或起火。一般情况下，熔丝位置有：动力蓄电池组串联的中央、DC/DC 变换器回路、PTC 暖风加热器回路以及电动空调压缩机回路等。

如图 2-1-26 是高压系统保护电路，图 2-1-27 是高压接触器和短路保护器（熔丝）位置示意图。

图 2-1-26　高压系统保护电路

图 2-1-27　高压接触器和短路保护器（熔丝）位置示意图

4. 功能安全

对于纯电动汽车和混合动力汽车，还需要从以下两个功能方面采取安全设计，避免安全隐患的发生。

（1）转矩安全管理

为防止车辆出现不期望的运动，例如驱动电机转速过快甚至失控，需要在整车控制器 VCU 中加入转矩安全控制策略。具体扭矩安全策略如下：

整车控制器负责计算整车的转矩需求，计算的扭矩需求的差值大于某个标定值，则认为扭矩输出存在安全风险，此时整车控制器会将车速限制在安全范围内。

若整车控制器的需求转矩与电机的实际扭矩的差值大于某个标定值，则认为电机的转矩控制存在风险，此时整车控制器将会限制电机的转矩输出，若两者差值一直过大，则切断动力蓄电池的动力输出。

（2）充电安全

在充电时需要防止车辆移动以及避免快充、慢充、行驶模式之间的冲突，为此进行如下设计：

1）只有档位放在 P/N 档时才允许充电。
2）在充电过程中，转矩需求及实际扭矩输出都应当为 0。
3）当充电枪插上时，不允许闭合控制高压电输出的接触器。
4）当充电回路绝缘电阻小于标准要求的阻值时，应当停止充电并断开高压接触器。

四、新能源汽车有哪些安全隐患？

新能源汽车安全隐患包括高压触电安全、动力蓄电池安全，以及车辆发生事故等特殊情况下可能存在的安全风险等。

1. 高压触电安全

无论是纯电动汽车，还是油电混合动力汽车，其电压和电流等级都比较高。动力蓄电池的电压一般在 300~600V 甚至更高。正常工作时，电流可达几百安培，已经远远超过人体能承受的极限。对于高压系统中的高压部件，如果发生破损或者潮湿，就会形成具有危险性的电压！此时，如果人体触及到相关部件，会发生触电的危险（图 2-1-28 所示）。

2. 动力蓄电池安全

以新能源汽车常用的锂离子动力蓄电池为例，在

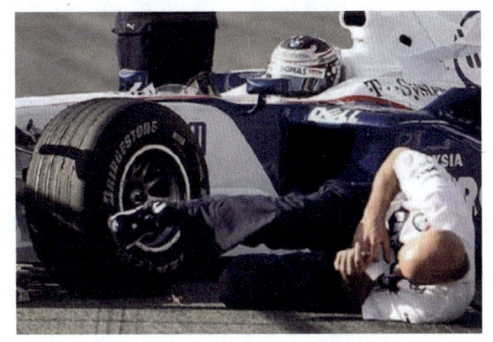

图 2-1-28　新能源汽车触电事故

正常使用过程中不会出现安全问题，但动力蓄电池的滥用会导致热效应加剧，这是锂离子动力蓄电池出现安全问题的导火索，最终表现为动力蓄电池的"热失控"，从而引起安全事故。导致热失控有以下几种情况。

（1）过充电与过放电

在为动力蓄电池充电时，特别是在充电末期，动力蓄电池内部离子的浓度增加，接受充电的能力下降，再充电就会出现过充电。过充电时如果动力蓄电池的散热较好，或者过充电流很小，此时动力蓄电池的温度较低，过充电后只发生电解液的分解，动力蓄电池仍然安全；如果此时动力蓄电池的散热较差，或者由于高倍率充电导致动力蓄电池温度很高而引发化学反应，往往导致安全隐患，如图2-1-29所示为一辆电动客车动力蓄电池在过充电时导致着火事故的发生。

同样，在动力蓄电池放电末期提供大电流的能力下降，当动力蓄电池剩余电量不足而又需要大电流放电时，就会使动力蓄电池过放电。过放电过程如下：当动力蓄电池负极的锂离子完全脱出以后，为了维持

图2-1-29　过充电导致的温度过高着火

电流，动力蓄电池负极表面电极电位低的物质继续被氧化，同时正极材料中的锂离子有可能发生还原反应。在发生过放电时，由于动力蓄电池负极的锂离子减少，脱出能力下降，极化电压增加，此时很容易导致动力蓄电池负极的活性物质脱落，容易造成动力蓄电池内部短路。动力蓄电池内部短路的直接表现就是迅速产生热量引发着火隐患。

（2）过电流

动力蓄电池过电流主要有以下几种情况：

1）低温环境下充放电。在低温环境下，由于动力蓄电池的导电性和扩散性下降，特别是动力蓄电池负极的锂离子活动能力下降，动力蓄电池可接受电流的能力下降，容易导致动力蓄电池出现过电流。

2）动力蓄电池老化及动力蓄电池的性能下降（包括容量降低、内阻增加等）后，仍按照原来电流充电容易导致产生的相对电流过大。

3）动力蓄电池一致性差异。在多个电池单元并联充电过程中，由于电池单元一致性的差异，电池单元的内阻各不相同，分配到各电池单元的充电电流不同，可能会导致分配到某些电池单元电流远大于充电电流，如图2-1-30所示。

图2-1-30　多个动力蓄电池单元并联充电电流不一致导致的过热损坏

4）动力蓄电池的内部、外部短路。动力蓄电池短路会在瞬间产生很大电流，动力蓄电池内部温度急剧升高，而使动力蓄电池发生泄漏、起火等安全事故。

（3）过温

上述提到的过充电、过放电、过电流会导致动力蓄电池过温，以下几种情况也会引起动力蓄电池过温：

1）动力蓄电池的热管理系统失效。表现为动力蓄电池组总成内动力蓄电池温度传感器损坏，或者是检测控制电路失效或散热风扇损坏。

如图 2-1-31 所示，为典型动力蓄电池内电池温度检测系统。

2）动力蓄电池温度采样点有限。动力蓄电池内部包含的电池单元数量众多，很难对每个电池单元都实现温度检测。

3）温度采样点受限制。由于动力蓄电池本身结构原因，新能源汽车的动力蓄电池管理模块对动力蓄电池的温度采样点一般都在动力蓄电池正负极接线柱上，或者通过贴片采集动力蓄电池外壳的温度，不能完全反映实际的动力蓄电池内部温度。

图 2-1-31　系统监测动力蓄电池温度

4）工作环境温度高。如果动力蓄电池靠近驱动电机或空调压缩机等发热部件，可能会导致动力蓄电池过温。动力蓄电池温度升高会引发的隐患包括有动力蓄电池本身性能的逐步下降，进一步加剧了动力蓄电池内部的短路。此外由于动力蓄电池本身温度过高，会导致动力蓄电池产生热温度变形，从而产生泄漏等事故的发生。

3. 危险运行工况下的安全

新能源汽车在行驶中发生危险运行工况（如交通事故、暴雨等）时，如果没有很好的安全设计，很容易发生安全隐患。这些安全隐患包括：

（1）发生碰撞或翻车

当电动汽车发生碰撞或翻车时，可能导致动力系统高压短路，此时动力系统瞬间产生大量热量，存在发生燃烧甚至爆炸的风险；此外还可能造成高压零部件脱落，对乘员造成触电伤害。如果动力蓄电池受到碰撞或因为燃烧导致温度过高，有可能造成动力蓄电池电解液的泄露，对乘员造成伤害；发生碰撞或翻车还会对乘员造成机械伤害。

（2）涉水或遭遇暴雨

当电动汽车遇到涉水、暴雨等工况时，由于水汽侵蚀，高压的正极与负极之间可能出现绝缘电阻变小甚至短路的情况，可能引起动力蓄电池的燃烧、漏液甚至爆炸；若电流流经车身，可能使乘员遭受触电风险。

（3）高压系统短路

当动力系统的高压线路短路时，会导致动力蓄电池瞬间大电流放电，此时动力蓄电池和高压电缆的温度迅速升高，可能导致动力蓄电池和高压电缆的燃烧，严重时还可能会引起动力蓄电池爆炸。

若动力蓄电池的高压电缆与车身短路，乘员可能会触碰到高压电，从而产生触电伤害。

（4）充电时车辆的意外移动

当车辆在充电时，如果车辆发生移动，可能会造成充电电缆断裂，使乘员以及车辆周围人员遭受触电风险；若充电电缆断裂前正在进行大电流充电，还可能造成动力蓄电池的高压接触器粘连，从而进一步增加人员的触电风险。

五、新能源汽车发生安全事故时如何处理？

在新能源汽车维修中，如果不幸发生了人员触电事故，援救触电事故中受伤人员时，救援人员自身的安全是第一位的，绝对不要去触碰仍然与电压有接触的人员。

1. 脱离电源

人体触电以后，可能由于痉挛或失去知觉等原因而紧紧抓住带电体，触电者无法自己摆脱电源。抢救触电者的首要步骤就是使触电者尽快脱离电源。如果可能，应立即将电气系统断电，或用不导电的物体（如绝缘木板、扫帚把等）把事故受害者或者导电体与电源分离。在新能源汽车触电施救中脱离电源的方法是带上绝缘手套将触电人员移开，或者切断高压电源。总之，要因地制宜，灵活运用各种方法，快速切断电源，防止事故扩大。在进行施救的同时，应立即拨打120急救电话，获取专业的救援。

2. 现场急救

当触电者脱离电源后，应根据触电者的具体情况迅速对症救护，力争在触电后1min内进行救治。根据国内外的急救资料表明，触电后在1min内进救治的，90%以上有良好的效果，而超过12min再开始救治的，基本无存活的可能。现场应用的主要方法是口对口人工呼吸和体外心脏按压法，严禁打强心针。

如图2-1-32所示，在进行触电现场应急处理与急救时，必须遵守基本的高压触电急救流程。

图2-1-32 高压触电急救流程

根据情形，常用的触电急救方法如下：

情形 1：神志尚清醒，但心慌力乏，四肢麻木。

该类人员一般只需将其扶到清凉通风之处休息，让其自然慢慢恢复。但要派专人照料护理，因为有的病人在几小时后会发生病变而突然死亡，如图 2-1-33 所示。

情形 2：有心跳，但呼吸停止或极微弱。

该类人员应该采用口对口人工呼吸法进行急救，如图 2-1-34 所示。人工呼吸法可按下述口诀进行，频率是约 12 次/min。

图 2-1-33　专人照料病人

清理口腔防堵塞，鼻孔朝天头后仰；贴嘴吹气胸扩张，放开口鼻换气畅。

情形 3：有呼吸，但心跳停止或极微弱。

该类人员应该采用人工胸外心脏按压法来恢复病人的心跳，如图 2-1-35 所示。一般可以按下述口诀进行，频率是约 60~80 次/min。

图 2-1-34　人工呼吸口诀和方法

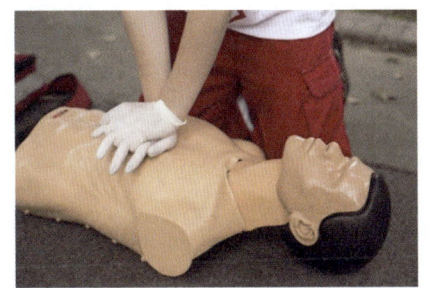

图 2-1-35　人工胸外心脏按压法

当胸一手掌，中指对凹腔；掌根用力向下压，压下突然收。

情形 4：心跳、呼吸均已停止者。

该类人员的危险性最大，抢救的难度也最大。应该把以上两法同时使用，亦即采用"心肺复苏"的方法。最好是两人一起抢救，如果仅有一人抢救时，应先吹气 2~3 次，再按压心脏 15 次，如此反复交替进行。

高压触电以后，会短时间让人体心脏骤停，恰当的、第一时间心肺复苏可以成功挽救 80% 以上的触电人员生命。

心肺复苏：是指对早期心跳呼吸骤停的患者，通过采取人工循环、人工呼吸、电除颤等方法帮助其恢复自主心跳和呼吸。

提示：

心肺复苏流程（仅供参考！请参照专业医疗救助流程操作）！

（1）胸外按压

只要判断心脏骤停，应立即进行胸外按压，以维持重要脏器的功能。

步骤 1

体位：患者仰卧位于硬质平面上。患者头、颈、躯干平直无扭曲，如图 2-1-36 所示。

图 2-1-36 胸外按压步骤 1

步骤 2

按压部位：胸骨中下 1/3 交界处或双乳头与前正中线交界处，如图 2-1-37 所示。

图 2-1-37 胸外按压步骤 2

步骤 3

按压方法：按压时上半身前倾，双肩正对患者胸骨上方，一只手的掌跟放在患者胸骨中下部，然后两手重叠，手指离开胸壁，双臂绷直，以髋关节为轴，借助上半身的重力垂直向下按压。每次抬起时掌跟不要离开胸壁，并应随时注意有无肋骨或胸骨骨折，如图 2-1-38 所示。

注意：

一手的掌跟部放在按压区，另一手掌跟重叠放于手背上，使第一只手的手指脱离胸壁，以掌跟向下按压。按压频率：至少 100 次/min。按压幅度：至少 5cm 或者胸廓前后径的 1/3，压下与松开的时间基本相等，压下后应让胸廓充分回弹。

图 2-1-38 胸外按压步骤 3

步骤 4

按压职责更换：每 2min 更换按压者，每次更换尽量在 5s 内完成。

（2）开放气道与人工呼吸

去除气道内异物：开放气道应先去除气道内异物。如无颈部创伤，清除口腔中的异物和呕吐物时，可一手按压开下颌，另一手用食指将固体异物钩出，或用指套或手指缠纱布清除口腔中的液体分泌物。

步骤 1

仰头－抬颌法：用一只手按压伤病者的前额，使头部后仰，同时另一只手的食指及中指骆于下颌骨骨性部分向上抬颌。使下颌尖、耳垂连线与地面垂直，如图 2-1-39 所示。

步骤 2

双下颌上提法（颈椎损伤时）：将肘部支撑在患者所处的平面上，双手放在患者头部两侧并握紧下颌角，同时用力向上托起下颌。如果需要进行人工呼吸，则将下颌持续上托，用拇指把口唇分开，用面颊贴紧患者的鼻孔进行口对口呼吸，如图 2-1-40 所示。

图 2-1-39　人工呼吸步骤 1　　　　图 2-1-40　人工呼吸步骤 2

（3）其他情形

如果发生动力蓄电池破损泄漏事故时，还应该按以下要求进行处理：

1）如果发生了皮肤接触，用大量的清水进行冲洗。
2）如果吸入了气体，必须马上呼吸大量新鲜空气。
3）如果接触到了眼睛，用大量的清水进行冲洗（至少 10min）。
4）如果吞咽了电池内容物，喝大量清水，并且避免呕吐。

六、新能源汽车维修有哪些安全防护装备？

虽然电动汽车都设计了完善的防止意外触电功能，但是针对事故车辆、故障车辆以及始终存在高压电的动力蓄电池组总成，维修人员必须做好防止被高压电击伤的安全防护。

1. 安全警示标识

在高压维修工位或车辆、高压部件附近放置明显的警示标识，防止无关人员进入工位或触摸高压部件，发生触电事故。如图 2-1-41 所示。

图 2-1-41　安全警示标识

2. 个人安全防护装备

（1）绝缘手套

拆卸及安装高压部件的时候使用。橡胶电工绝缘手套具备两种性能：一是在进行高压部件或线路操作时，能够承受1000V以上的工作电压；二是具备抗碱性，当工作中接触来自动力蓄电池组的氢氧化物等化学物质时，能防止这些物质对人体的伤害，如图2-1-42所示。

图2-1-42 绝缘手套

绝缘手套需要定期检验，而且在每次使用前必须进行泄漏检查。检查的方法是向手套内吹入一定的空气，观察手套是否有漏气（图2-1-43）。

图2-1-43 绝缘手套检查流程

如图2-1-44所示为在使用过程中绝缘手套的检查与注意事项。

图2-1-44 绝缘手套的使用检查流程图

(2) 护目镜

新能源汽车维修用的护目镜应该具有侧面防护功能，防止维修过程中产生的电火花，以及动力蓄电池的电解液对眼睛的伤害。护目镜使用前应检查外观是否破损。如图2-1-45所示是常见的护目镜。

图2-1-45　护目镜

(3) 绝缘安全鞋

绝缘安全鞋（靴）的作用是使人体与地面绝缘，防止电流通过人体与大地之间构成通路，对人体造成电击伤害，把触电时的危险降低到最小程度，因为触电时电流是经接触点通过人体流入地面的，所以电气作业时不仅要戴绝缘手套，还要穿绝缘鞋。

绝缘鞋根据GB 4385—1995《防静电鞋、导电鞋　技术要求》标准进行生产，电阻值范围为 $10^5 \sim 10^9 \Omega$，该产品应具有透气性能好、防静电、耐磨、防滑等功能，如图2-1-46所示。

图2-1-46　绝缘安全鞋（靴）

(4) 非化纤工作服

维修高压系统时，必须穿非化纤类的工作服。化纤类的工作服会产生静电，并且当发生火灾事故时，化纤会在高温环境下粘连人体皮肤，导致维修人员产生严重的二次伤害。如图2-1-47所示为纯棉工作服。

图2-1-47　纯棉工作服

（5）绝缘安全帽

在举升车辆，拆卸及安装动力蓄电池时应戴绝缘安全帽，保护头部安全。如图2-1-48所示。使用前应检查外观是否破损，固定装置是否正常。

图2-1-48 绝缘安全帽

第二节 新能源汽车维修操作规范与应急处理

你所在的维修门店组建新能源汽车专业维修专用的高压车间，你的主管要求你制定高压车间相关的制度和标准，你能完成这个任务吗？

一、新能源汽车维修车间有哪些管理制度？

新能源汽车维修车间有高压安全风险，必须加强安全管理，杜绝高压安全事故的发生。除了普通车间的安全要求外，必须制定相关的安全管理制度。

1. 新能源汽车维修安全管理制度

1）车辆维修过程中的高压部件必须立即标识明显的"高压勿动"的警示，并禁止将带有高压的部件放置在无人看管的环境下。

2）车辆在充电过程中不允许对高压部件进行拆装、维修等工作。

3）未经高压安全培训并取得特种作业操作证（低压电工证）的维修技师，不允许对高压部件进行拆装、维修等操作。

4）高压部件拆装、维修前，维修技师必须检查及穿戴个人安全防护装备，并使用绝缘工具进行拆装操作。

5）高压部件拆装、维修过程中，维修技师禁止携带手表、金属笔等金属物品。

6）高压部件拆卸、维修前必须进行高压中止操作，即根据车型切断低压电源和拆卸高压维修开关，并检验确认相关部件没有高压电。

7）进行车身焊接前应清理周围易燃物品，做好车身的保护，预防飞溅及着火，并严格按照焊接及钣金维修工艺进行操作。

8）维修完毕后上电前，必须确认车辆无人操作。

9）更换高压部件后，高压电缆接口必须按照标准扭矩拧紧，并测量线路的绝缘性能正常。

10）在执行车辆维修期间，必须同时有两名持有上岗证的维修技师进行工作，其中一名技师作为工作的监护人，监督维修的全过程。如果发生触电事故时，监护人应该立即采取有效措施执行急救。

如图2-2-1是维修工位上的安全警示标识。

图2-2-1 安全警示标识

2. 新能源汽车维修车间火灾预防管理制度

1）新能源汽车涉及高压电路，发生电气火灾的概率及危害远大于传统燃油汽车，因此必须预防车辆自燃等火灾的发生，及时处理前机舱内的油污、插接件松动或线束老化等隐患。

2）火灾发生后不要惊慌，及时采取正确的方法灭火。首先要切断电源，所有人员立即离开车辆并站在远离车辆的上风。在采取救火措施的同时立刻报警（电话：119、110）。

3）每天检查车上的灭火器是否在固定位置，是否在有效期内。要充分掌握灭火器的性质和正确使用方法。常用的车载灭火器都是干粉灭火器，灭火时手提干粉灭火器快速奔赴火点，站在上风方向在距离燃烧处1m左右，先将开启把上的保险销拔下，然后将喷嘴部迅速对准火焰的根部扫射灭火。当干粉喷出后，手始终压下压把不能放开，否则会中断喷射。

4）当电动汽车发生火灾时，如果只是线束冒烟着火，或小范围明火，推荐使用干粉灭火器灭火。如果发生大面积火灾，最有效的灭火方式是采用大量的水灭火。因为电动汽车起火多为电路短路起火，这种情况下为了保证人员安全，使用大量的水会快速对短路产生的热量降温，并使电能耗尽，达到有效灭火的目的。但是如果使用少量的水，例如只用一桶，则更加危险，将会加剧电动汽车火灾的程度。

如图2-2-2是维修工位上的必须配置的干粉灭火器。

图2-2-2 ABC干粉灭火器

3. 新能源汽车维修人员要求和岗位职责

新能源汽车维修操作人员必须持证上岗，并经过培训，才能进行操作。人员要求如下：

1）经过培训、考核并取得安全生产监督管理局颁发的《中华人民共和国特种作业操作证（低压电工证）》。

2）经过新能源汽车结构原理与维修技术培训，并通过考核。

3）电动汽车维修必须由两名持证的维修技师同时进行，其中一名技师作为维修监护人员。维修技师的岗位职责如下：

①监护人员：引导车辆进入专用维修工位。
②维修人员：在维修工位设置高压警示标识。
③监护人员：监督并协调具有维修资质的人员维修车辆。
④维修人员：检查个人安全防护设备，按正确要求穿戴。
⑤监护人员：监督维修人员规范操作流程。
⑥维修人员：需要维修高压系统前，必须先执行高压中止与检验。

图2-2-3 电动汽车维修监护示意图

如图2-2-3所示是维修监护示意图。

新能源汽车维修监护人的专业技术技能等级应高于操作人，具有丰富的实际工作经验并熟悉现场及设备情况。其监护内容如下：

1）进行高压切断时，监护所有操作人员的活动范围，使其与带电设备保持规定的安全距离。

2）带电作业时，监护操作人员的活动范围，使其与高压部件保持规定的安全距离。

3）监护操作人员的工具使用是否正确，工作位置是否安全，以及操作方法是否正确等安全相关内容。

4）工作中监护人因故离开工作现场时，必须另指派了解有关安全措施的人员接替监护并告知操作人员，使监护工作不致间断。

5）监护人发现操作人员中有不正确的动作或违反规程的做法时，应及时提出纠正，必要时可令其停止工作，并立即上报。

6）所有操作人员不准单独留在维修保养中的专用工位区域内，以免发生意外触电或电弧灼伤。

7）监护人员应自始至终不间断地进行监护，在执行监护时，不应兼做其他工作。但在动力蓄电池与车辆分开的情况下监护人可参加班组的工作。

8）其他新能源汽车维修安全监督工作。

如图2-2-4所示是安全生产监督管理局颁发的《中华人民共和国特种作业操作证（低压电工作业证）》样例。

图2-2-4　中华人民共和国特种作业操作证（低压电工作业证）

4. 新能源汽车专用维修车间要求

新能源汽车高压维修专用车间有特殊的场地要求和工位要求。如图2-2-5是新能源汽车高压维修车间工位示意图。

（1）工位数量及面积

高压维修专用车间至少具备3个标准工位（7m×4m），至少一台双柱龙门举升机。维修工位应采用特殊的颜色与其他工位进行区别。

（2）采光

高压维修车间的采光应符合中华人民共和国国家标准GB 50033—2013《建筑采光设计标准》的有关规定。

（3）照明

当天然光线不足时，应配置人工照明，人工照明光源应选择接近天然光色温的光源。高压维修车间的照明要求应符合中华人民共和国国家标准GB 50034—2013《建筑照明设计标准》的有关规定。

（4）干燥

高压维修车间必须保持干燥。

（5）通风

高压维修车间的通风应符合中华人民共和国国家标准 GB 50016—2014《建筑设计防火规范》和工业企业通风的有关要求。

（6）防火

高压维修车间的防火应符合中华人民共和国国家标准 GB 50016—2014《建筑设计防火规范》有关厂房、仓库防火的规定以及中华人民共和国国家标准 GB 50067—2014《汽车库、修车库、停车场设计防火规范》的有关规定。

（7）卫生

高压维修车间的卫生应符合中华人民共和国国家标准 GBZ1—2010《工业企业设计卫生标准》、GB 12801—1991《生产过程安全卫生要求总则》的有关要求。

（8）安全标志

高压维修车间的安全标志应符合中华人民共和国国家标准 GB 2894—2008《安全标志及其使用导则》、GB 2893—2008《安全色》的有关要求。

图 2-2-5　新能源汽车高压维修车间工位示意图

二、新能源汽车维修需要哪些拆装工具及检测设备？

除了传统燃油汽车的维修工具和检测设备外，新能源汽车因为存在高压电路，需要专用的维修工具及检测设备。常用的新能源汽车维修工具及检测设备见表 2-2-1。

表 2-2-1　常用的新能源汽车维修工具及检测设备

序号	类型	工具设备名称	规格要求	单位	备注
1	绝缘工具	绝缘拆装工具套装	高压电维修绝缘工具，耐压 1000V 以上	套	含专用工具车
2	举升设备	动力蓄电池举升机	带绝缘垫	台	配套双柱龙门举升机使用
3	检测仪表	数字式万用表	符合 CAT Ⅲ 要求	个	
4		钳型电流表	符合 CAT Ⅲ 要求	个	
5		绝缘测试仪	符合 CAT Ⅲ 要求	个	
6		示波器	符合 CAT Ⅲ 要求	套	
7		红外线测温仪	符合 CAT Ⅲ 要求	个	
8	故障诊断仪器	专用车型故障诊断仪	对应车型	套	如北汽新能源 BDS、比亚迪 ED400、ED1000

提示：CAT 等级

根据国际电子电工委员会 IEC1010-1 的定义，我们把电工工作的区域分为四个等级，分别称作 CAT I，CAT II，CAT III 和 CAT IV。CAT 等级是向下单向兼容的，也就是说，一块 CAT IV 的万用表在 CAT I，CAT II 和 CAT III 下使用是完全安全的，但是一块 CAT I 的万用表在 CAT II，CAT III，CAT IV 的环境下使用就不保证安全了。

1. 绝缘工具

（1）绝缘与绝缘材料

绝缘是指用不导电的物质（绝缘材料）将带电体隔离或包裹起来，以对触电起保护作用的一种安全措施。良好的绝缘性能是保证设备和线路运行的必要条件，也是防止触电事故、漏电、短路的重要措施。绝缘材料除了上述作用外还起着其他作用：散热冷却、机械支撑和固定、储能、灭弧、防潮、防霉以及保护导体等。

（2）绝缘工具

绝缘工具是采用绝缘材料进行加工并适用于电气系统拆装等操作的使用工具。使用绝缘工具可以有效防止意外触电事故的发生，新能源汽车涉及高压的部分零部件拆装必须使用绝缘拆装工具。绝缘拆装工具必须装有耐压 1000V 以上的绝缘柄。绝缘拆装工具包括常用的套筒、开口扳手、螺丝刀、钳子、电工刀等，如图 2-2-6 所示。

图 2-2-6　带绝缘柄拆装工具

新能源汽车维修中，涉及高压部件拆装时应该采用绝缘的拆装工具。绝缘工具的使用方法与普通工具相同，但是使用前应检查是否清洁干燥、是否完好，绝缘层是否损坏，储存绝缘工具的工具车如图 2-2-7 所示，带绝缘垫的零件车如图 2-2-8 所示。

图 2-2-7　储存绝缘工具的工具车　　图 2-2-8　带绝缘垫的零件车，用于放置拆卸下来的高压部件

2. 举升设备——动力蓄电池举升机

纯电动汽车的动力蓄电池重量高达 400～500kg，拆装时必须使用动力蓄电池举升机。动力蓄电池举升机配套双柱龙门举升机使用，顶部带绝缘垫，举升动力有液压、气动、电动等几种类型。

如图 2-2-9 是带绝缘垫、电动的动力蓄电池举升机。

3. 检测仪表

新能源汽车维修中使用的检测仪表有数字式万用表、绝缘电阻测试仪（如手摇兆欧表，高压绝缘测试仪）、钳形电流表、示波器、红外测温仪等类型。其中数字万用表、示波器、红外测温仪的要求耐压 1000V 以上，使用方法与传统燃油汽车基本相同，以下只介绍绝缘测试仪和钳形电流表的使用。

图 2-2-9　动力蓄电池举升机

（1）绝缘测试仪

新能源汽车在运行过程中难免会出现部件间的相互碰撞、摩擦、挤压，导致高压电路与车辆底盘之间的绝缘性能下降，电源正负极引线将通过绝缘层和底盘构成漏电回路。当高压电路和底盘之间发生多点绝缘性能下降时，还会导致漏电回路的热积累效应，可能造成车辆的电气火灾。电气绝缘性能检测时需要使用专用的绝缘测试仪器，测量高压电缆及零部件对车身绝缘电阻是否位于规定值范围内。

利用数字万用表、兆欧表、绝缘测试多用表等仪器都可以完成绝大多数的绝缘测试。这些仪器具有不同的名称，但都可以被称为绝缘测试仪。如 FLUKE 1503 绝缘测试仪、1508 绝缘测试仪、1577 绝缘多用表和 1587 绝缘多用表、FLUKE 1550B 5kV 兆欧表和 1520 兆欧表。

兆欧表的种类有很多，但其作用大致相同。最常用的是手摇兆欧表，俗称摇表，用来测量大电阻和绝缘电阻的检测仪表，计量单位是兆欧（MΩ），故称兆欧表。如图 2-2-10 所示是常见的手摇兆欧表及其接线柱的功能。手摇兆欧表有三个接线柱，分别是"接地"（E）、"线路"（L）和"保护环"（或"屏蔽"）（G）。

手摇兆欧表接线柱功能说明如下：

① E 端：接地端，接被测设备的接地部分或外壳。
② L 端：接线端，接被测设备的导体部分。
③ G 端：保护环，主要用于电力电缆绝缘电阻的测量。

以下以应用广泛的 FLUKE 1587 数字式绝缘测试仪（绝缘多用表，图 2-2-11）为例，介绍绝缘电阻的测试方法。

图 2-2-10　手摇兆欧表及其接线柱的功能

提示：

为了避免触电或人身伤害，请仔细阅读并严格按仪表使用手册操作！

1）功能简介：旋转开关：如图 2-2-12 所示。选择任意测量功能档即可启动仪表，仪表为该功能档提供了一个标准显示屏（量程、测量单位、组合键等），用蓝色按钮选择其他任何旋转开关功能档（用蓝色字母标记）。

按钮：如图 2-2-13 所示。使用仪表按钮来激活可扩充旋转开关所选功能的特性。

图 2-2-11　FLUKE 1587 数字式绝缘测试仪

图 2-2-12　仪表旋转开关选择的功能档

图 2-2-13　仪表按钮功能图

显示屏：如图 2-2-14 所示。仪表的显示屏指示符。

仪表输入端子：如图 2-2-15 所示。对应的仪表输入端子功能介绍如表 2-2-2 所示。

图 2-2-14　仪表显示屏指示符

图 2-2-15　仪表输入端子

表 2-2-2　仪表输入端子功能介绍

按钮	说明
①	用于绝缘测试的 + 输入端子
②	用于绝缘测试的 - 输入端子。用于 400mA 以内的 AC（交流）和 DC（直流）毫安测量，以及电流频率测量
③	用于电压、连通性、电阻、二极管、电容、电压频率及温度（仅 1587 型）测量的输入端子
④	用于绝缘测试以外的所有测量的公共（返回）端子

2）测量操作步骤：在将测试导线与电路或设备连接时，在连接带电导线之前先连接公共（COM）测试导线；当拆下测试导线时，要先断开带电的测试导线，再断开公共测试导线。以下只介绍绝缘测试步骤，其他测试参照仪表的使用说明书。

警告：
- 绝缘测试只能在不通电的电路上进行！
- 测试之前先检查熔丝！

绝缘测试步骤如下：

① 将测试探头插入"＋"和"－"端子。

② 将旋钮转至"INSULATION（绝缘）"位置。当开关调至该位置时，仪表将启动电池负载检查。如果电池未通过测试，显示屏下部将出现"电池"符号，在更换电池前不能进行绝缘测试。

③ 按"RANGE"选择电压。

④ 将探头与待测的电路连接。仪表会自动检查电路是否通电。

⑤ 主显示位置显示"——"直到按下"INSULATION TEST"按键，此时将获取一个有效的绝缘电阻读数。

如果电路电源超过 30V（交流或直流），主显示区显示超过 30V 以上警告同时，显示高压符号，测试被禁止，必须立即关闭电源。

绝缘测试方法如图 2-2-16 所示。

图 2-2-16 绝缘测试方法

（2）钳型电流表

在新能源汽车故障诊断与维修时，经常需要测量导线中的电流。由于驱动系统的导线（如逆变器与电机之间）存在较大的交变电流，而且需要在运行状态下测量，因此必须使用钳型电流表进行间接测量。

常用的钳型电流表品牌较多，典型的如 FLUKE 317 等，如图 2-2-17 所示。

1）功能简介：钳型电流表工作部分由一只电流表和穿心式电流互感器组成。穿心式电流互感器铁心制成活动开口，且成钳形，故名钳形电流表，是一种不需断开电路就可直接测电路中电流的携带式仪表。

图 2-2-17 FLUKE 317 钳型电流表

钳形电流表的原理是建立在电流互感器工作原理的基础上的，当放松扳手铁心闭合后，根据互感器的原理而在其二次绕组上产生感应电流，从而指示出被测电流的数值。当握紧钳形电流表扳手时，电流互感器的铁心可以张开，被测电流的导线进入钳口内部作为电流互感器的一次绕组。

2）测量操作步骤：以 FLUKE 317 钳形电流表为例，在测量电流时，可以按以下步骤进行（如图 2-2-18）：

① 估算电流大小，选择正确档位与电流类型。例如，如果需要测量三相电机的某一相电流，选择交流电流档。

图 2-2-18 电流测试

②打开钳形电流表,将被测量线路放入钳形电流表口之中。

注意:

测量时钳形电流表应该保持钳口闭合,否则将测量出不正确的电流。

③启动被测量装置。
④如需测量一个变化的电流,应在上步的基础上按下"INRUSH"键后再启动钳形电流表。
⑤读取电流值。

4. 故障诊断仪器

新能源汽车电控系统故障诊断仪器用于对应车型的故障诊断,也称解码器、故障扫描仪等。不同车型采用的故障诊断仪器也不同。诊断仪器应能与被检测车辆的控制模块(电脑)通信。以下分别介绍北汽新能源和比亚迪汽车的故障诊断仪器,其他车型的故障诊断仪器请参阅相关的技术资料。

(1)北汽新能源诊断仪器

北汽新能源汽车采用 BDS 故障诊断系统(BAIC BJEV Diagnostic System),将诊断软件安装在电脑终端上(图 2-2-19),通过通信电缆与车辆的故障诊断座(OBD)连接,与车辆的控制模块通信进行故障诊断(如图 2-2-20)。

图 2-2-19 BDS 诊断系统界面

图 2-2-20 BDS 连接方式

BDS 的功能及操作步骤，软件安装、升级等其他相关信息请参照软件的使用说明书及仪器的提示进行操作。

（2）比亚迪汽车诊断仪器

如图 2-2-21 为比亚迪汽车 ED400 诊断仪器。为了提升故障诊断性能，汽车厂家会对仪器持续进行升级，如 VDS2000/VDS2100 等。

比亚迪汽车诊断仪器的检测诊断功能，具体操作步骤请参照使用说明书及仪器的提示进行操作。

需要特别说明的是，"通用型"的汽车故障诊断设备厂家持续推出新型的诊断仪器，也能实现大部分新能源汽车的故障诊断。

图 2-2-21 比亚迪 ED400 诊断仪器

三、新能源维修应遵守哪些操作流程？

1. 新能源汽车维修流程图

新能源汽车的保养维修操作并不一定都涉及高压，不同的保养维修操作安全防护需求也不同。图 2-2-22 是根据新能源汽车常规维护保养（不涉及高压电，由维护技师操作）、高压系统维修（运行时有高压电，由维修技师操作）、动力蓄电池及其控制电路维修（一直有高压电，由高级维修技师操作）三个级别制定操作流程，供实际作业参考。

图 2-2-22 新能源汽车维修流程图

2. 新能源汽车维修高压中止与检验

在维修带有高压的新能源汽车前，务必执行高压的中止与检验操作，确认动力蓄电池不再对外输出高压电，避免因意外高压触电！

高压系统的中止与检验操作步骤主要分为以下 2 个部分：

- 高压的中止。
- 高压的检验。

以丰田混合动力汽车为例，介绍高压中止与检验程序。其他车型可以参照本程序及对应的技术资料。

如果进行以下操作时，要求进行高压中止与检验：

- 进行保养或维修；
- 处理损坏车辆；
- 进行事故恢复或急救工作。

（1）高压中止程序

1）将变速杆切换到 P 档位。
2）踏下制动踏板。
3）关闭点火开关，并移开钥匙至车外。再次启动车辆确认车辆没有钥匙且无法启动。
4）断开低压蓄电池的负极端子。打开行李舱，找到 12V 低压蓄电池，断开蓄电池的负极端子接地线，并用绝缘胶带固定接地线，以防止端子移动接地线回低压蓄电池负极桩头，如图 2-2-23 所示。
5）戴上绝缘手套，找到并拆下维修开关。

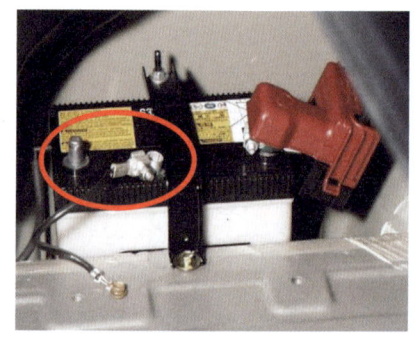

图 2-2-23　断开低压蓄电池负极接地线并用绝缘胶带固定

提示：

新能源汽车通常在动力蓄电池附近都会设计一个串联的手动维修开关（图 2-2-24），用于人工"物理性"切断整个动力蓄电池的回路。手动维修开关设计有特殊的锁止结构，避免人为意外触发或者行驶中因为振动等因素断开。但并不是所有的车型都装备有维修开关，如果相关车型没有装备维修开关（请参照维修手册确认），除了根据以上步骤操作外，建议拆卸某一高压部件的低压互锁开关（如需拆卸高压电缆插接器，务必戴上绝缘手套）。如图 2-2-25 是各种类型带低压互锁开关的高压电缆插接器。

图 2-2-24　手动维修开关　　　　图 2-2-25　各种类型带低压互锁开关的高压电缆插接器

找到并拆下 HV 蓄电池维修开关（丰田也称维修塞或服务插销）。当处理橙色高压组件和线路时，确保带好绝缘橡胶手套，将拆下的维修开关放在你的口袋中以防止其他人将它安装回车上去，并将裸露的维修开关槽使用绝缘胶带封住，如图 2-2-26 所示。

提示：

如果因为车辆损坏或其他的原因无法取下 HV 蓄电池维修开关，则在前机舱内配电盒中取下 HV 熔丝（图 2-2-27）。

图 2-2-26 拆下维修开关

图 2-2-27 HV 熔丝位置

6）等待 5~10min 或更长以便让高压电容放电。

提示：

新能源汽车的高压部件通常安装有电容器，能保持一段时间的高压。

如图 2-2-28 是丰田普锐斯/凯美瑞双擎高压电容器安装位置及放电。

图 2-2-28 普锐斯/凯美瑞双擎高压电容器安装位置及放电

（2）高压检验程序

高压检验是利用数字万用表再次确认高压中止以后，具体维修的部件上确实已不再有高压。

警示！在检验高压端子期间，必须佩戴好个人安全防护设备。

以拆卸丰田混合动力汽车的逆变器为例。

1）断开逆变器与HV蓄电池之间的高压插接器，并使用数字万用表（绝缘等级>1000V），测量插接器各个高压端子电压均为0V（量程：750V或更大），如图2-2-29所示。

图2-2-29
测量端子电压

2）用绝缘胶带包裹被断开的高压插接器端子，如图2-2-30所示。

图2-2-30
包裹并固定高压插接器端子

提示：

使用万用表测量的高压部件的插接器各个高压端子，在执行高压中止以后，每个端子对车身的电压至少应该<3V，且端子正负极之间的电压也应该<3V。

如果任一被测量的电压超过3V，说明系统内部存在高压粘接情况，需要有经过特殊培训的工程师来进行处理。

3）维修完成后，按拆卸相反顺序装回维修开关，并测试车辆是否正常。

四、新能源汽车发生意外时，如何应急处理？

新能源汽车应急处理的需求有交通事故救援、火灾、动力蓄电池电解液泄漏、牵引车辆以及跨接启动等意外发生的需求。

1. 交通事故救援

纯电动汽车或混合动力汽车发生事故需要救援时，千万不要因为车辆运行比较安静就误以为它就处于停机状态。当车辆处于 READY 或 OK 模式时（相应的指示灯点亮），纯电动车型的大部分高压系统处于通电工作状态；混合动力车型的发动机会自动启动停机，所以在检查或维修前机舱时，记住要先看看 READY 或 OK 指示灯是否已经熄灭了。

如图 2-2-31 是混合动力汽车仪表的 READY 指示灯。

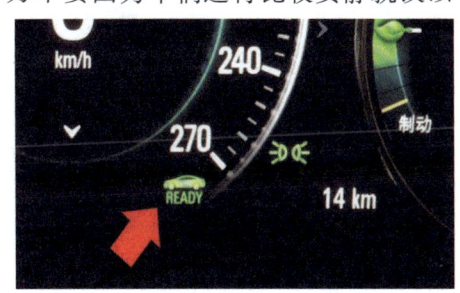

图 2-2-31 混合动力汽车仪表的 READY 指示灯

在处理事故车辆前，应执行如下步骤：
1）用车轮挡块挡住车轮，并进行驻车制动。
2）挂"P"档并确认"P"档指示灯亮。
3）关闭点火开关并确认 READY 或 OK 熄灭。
4）断开 12V 低压蓄电池。
5）根据车型拆卸维修开关或者 HV 熔丝或互锁开关。

此外，救援时若高压电缆被撞断，车辆的控制系统通常会切断高压电，因为车辆上的绝缘监测功能会不断地监测高压电缆到金属底盘是否漏电。如果撞车时，气囊展开，高压电源也会自动切断，即使气囊不展开，车辆安装的减速传感器若超过其限位，也会切断高压电。

执行断电操作后，根据交通法规的规定处理交通事故。

2. 火灾

新能源汽车着火后，在报 119 火警的同时必须先切断电源，再进行扑灭。如果不能迅速断电，可使用灭火器灭火。使用时必须保持足够的安全距离，对 10kV 及以下的设备距离不应小于 40cm。

在扑救未切断电源的电气火灾时，则需使用以下几种灭火器：
1）四氯化碳灭火器：对电气设备发生的火灾具有较好灭火作用，四氯化碳不燃烧，也不导电。
2）二氧化碳灭火器：最适合扑救电器及电子设备发生的火灾，而且二氧化碳没有腐蚀作用，不至于损坏设备。
3）干粉灭火器：综合了四氯化碳和二氧化碳灭火器的长处，适用扑救电气火灾，灭火速度快。
4）注意绝对不能用酸碱或泡沫灭火器，因其灭火药液有导电性，手持灭火器的人员会触电。而且酸碱药液会强烈腐蚀电器设备，事后不易清除。

如果发生大面积或大的火灾时，应持续浇大量的水进行灭火。如果火势很大，应立即疏散人员并尽快远离车辆！

3. 动力蓄电池电解液泄漏

当面对有可能是动力蓄电池溢出的电解液时，应尽快穿戴好合适的防护装备，并采用红色石蕊试纸检查溢出液，如果试纸变为蓝色，溢出的液体需要使用硼酸液进行中和。中和完成后，使用试纸再去检查溢出液，确认试纸颜色不改变。

如图2-2-32是石蕊试纸检查漏液情况。中和完毕后，用充足的吸水毛巾或布，吸收事故中溢出的电解液。

图2-2-32
石蕊试纸检查漏液

提示：
如果电解液与皮肤接触时，应使用大量的水冲洗！
避免吸入有毒的气体！如果吸入，请尽快就医！救护电话120。

4. 牵引车辆

新能源汽车的驱动系统连接三相交流电机，在牵引车辆时，如果车辆前轮转动将产生电能。因此对于新能源汽车的牵引，必须严格遵守制造厂商的要求，否则可能损坏驱动电机或变速驱动单元。

无论是纯电动汽车还是混合动力汽车，正确的牵引方法是，使其全部平放在卡车（拖车）上，然后牵引车辆到指定的位置，如图2-2-33所示。

	前置前驱车辆	前置后驱车辆	四轮驱动车辆
拖车（前轮着地）	×	○	×
拖车（后轮着地）	○	×	×
拖车（四轮着地）	×	×	×
拖车（四轮抬起）	○	○	○
平板拖车	○	○	○

○——可拖拽车辆，×——不可拖拽车辆。

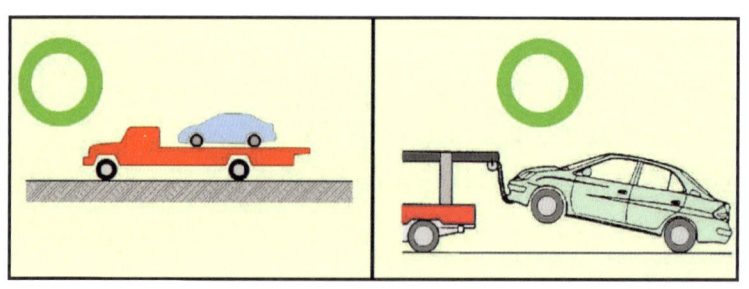

图2-2-33　正确的牵引方式

5. 跨接启动

无论是纯电动汽车还是混合动力汽车，其全车控制模块的供电都是通过12V低压蓄电池来完成的。也就是说，在新能源汽车中，除了高压动力蓄电池外，所有的车辆还会配置有12V低压蓄电池。由于12V低压蓄电池用来给所有控制模块供电，若没有该电源，控制模块不能工作，车辆也没法行驶。如果纯电动汽车或混合动力汽车因为12V电源原因不能启动，则可以利用外接12V电源跨接启动，以丰田普锐斯/凯美瑞双擎为例，具体的操作方法如下：

（1）直接跨接12V低压蓄电池正负极

如图2-2-34是普锐斯/凯美瑞双擎位于行李舱的12V低压蓄电池，可以和传统燃油汽车一样跨接启动车辆。

图2-2-34　丰田普锐斯/凯美瑞双擎的12V低压蓄电池

（2）跨接启动端子启动

如图2-2-35所示，丰田普锐斯/凯美瑞双擎前机舱内的12V跨接启动端子有一个"＋"标志红色塑料盖，打开盖子可以找到用于跨接的端子。

图2-2-35　丰田普锐斯/凯美瑞12V跨接启动端子

图 2-2-35 丰田普锐斯/凯美瑞 12V 跨接启动端子（续）

警告：
- 高压的动力蓄电池组无法跨接启动！

第三章
新能源汽车动力蓄电池与管理系统检修

　　动力蓄电池是纯电动汽车和油电混合动力汽车的核心部件，也是新能源汽车上价格最高的部件，动力蓄电池的性能好坏直接决定了这辆车的实际价值。本章主要介绍动力蓄电池与管理系统的结构原理与检修，包含2个单元：

①动力蓄电池结构原理与检修；
②动力蓄电池管理系统结构原理与检修。

　　通过以上2个单元的学习，你能够掌握动力蓄电池及管理系统的类型、工作原理和结构组成，以及检测与维修方法。

第一节　动力蓄电池结构原理与检修

一辆纯电动汽车的动力蓄电池发生故障，你的主管让你拆卸动力蓄电池总成，并进行分解检测，你能完成这个任务吗？

一、什么是动力蓄电池？

1. 电池与动力蓄电池

将化学能转换成电能的装置叫化学电池，简称为电池。电池放电后，能够用充电的方式使内部活性物质再生把电能储存为化学能；需要放电时再次把化学能转换为电能，这类电池称为蓄电池。

动力蓄电池也称动力电池、动力蓄电池组、高压动力蓄电池包、HV 蓄电池等，用于存储电能，能够实现电池的循环充放电，作为电动汽车动力使用。如图3-1-1是动力蓄电池外形示意图。

动力蓄电池是纯电动汽车的核心部件，也是价格最高的部件，在纯电动汽车中的成本占到 30%～50%。动力蓄电池的性能好坏直接决定了这辆车的实际价值。动力蓄电池一旦失效，车辆就会处于瘫痪状态。动力蓄电池属于高压安全部件，内部机构复杂，

图3-1-1　动力蓄电池外形示意图

工作时需要很苛刻的条件，任何异常因素都将导致动力被切断，因此必须经过严格的培训才能对动力蓄电池进行检测维修等作业。

2. 动力蓄电池的作用

动力蓄电池的作用是接收和储存来自外部充电装置（充电桩）、发电机、制动能量回收装置提供的电能，并且为驱动电机和其他高压用电设备提供电能，如图3-1-2～图3-1-4所示。

图3-1-2　外部充电装置为动力蓄电池充电

图3-1-3　制动能量回收为动力蓄电池充电

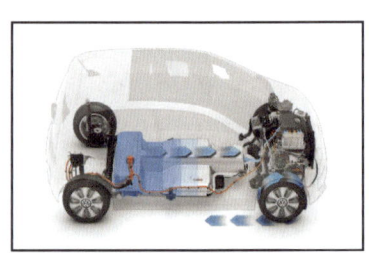

图3-1-4　动力蓄电池向电机等用电设备供电

3. 动力蓄电池的安装位置

动力蓄电池在新能源汽车上安装的位置有环境要求、安全要求以及便于拆装等要求。

动力蓄电池尽可能放在清洁、阴凉、通风、干燥的地方并避免受到阳光直射，远离热源。动力蓄电池应当水平安装放置，不可倾斜。动力蓄电池组之间应有冷却装置，以避免动力蓄电池在使用过程中产生过高的热量而影响其性能或造成损坏，严重者可导致爆炸。

由于纯电动汽车需要有更大存储容量的动力蓄电池，而按照目前的动力蓄电池制造技术，体积也会相应地增大，因此目前大多数的纯电动汽车动力蓄电池安装在车辆底部的前、后桥及两侧纵梁之间，这些位置有较高碰撞安全性，可以降低车辆重心，车辆操控性更好，没有过多地占用乘客舱的容积。如图3-1-5是纯电动汽车动力蓄电池安装位置示意图。

混合动力汽车的动力蓄电池个体较小，可在行李舱和后排座椅的下方，如图3-1-6所示是比亚迪秦混合动力汽车动力蓄电池安装位置。

动力蓄电池安装的位置，不但使得拆装操作更加简单，也避免了动力蓄电池安装分散，减少动力蓄电池之间高压电缆的使用，提升了可靠性，而且节约了成本。

图3-1-5 纯电动汽车动力蓄电池安装位置图　　图3-1-6 比亚迪秦混合动力汽车动力蓄电池安装位置

4. 动力蓄电池的使用要求

新能源汽车的动力蓄电池需要在新车期间执行相应的维护操作，包括对动力蓄电池的适度放电和充电，初期使用时应注意以下内容：

（1）正确掌握充电时间

如果电量表指示应充电，应尽快充电，否则动力蓄电池过度放电会严重缩短其寿命。过度充电、过度放电和充电不足都会缩短动力蓄电池寿命。

（2）定期充电

建议每天都充电，这样使动力蓄电池处于浅循环状态，动力蓄电池的寿命会延长。

5. 动力蓄电池的安全要求

（1）安全性测试

动力蓄电池在推向市场前，生产厂家必须对动力蓄电池进行严格的安全性测试。在动力蓄电池发生短路、过充电、挤压、针刺、跌落、热冲击等意外后，应保持安全状态，即不变形、不漏液、不破裂、不爆炸、不燃烧。

（2）碰撞安全

在车辆发生如图3-1-7所示的碰撞（正碰、侧碰）后，动力蓄电池没有发生短路、漏电、漏液现象，且能够继续正常使用，动力蓄电池能够保证自身的安全性。

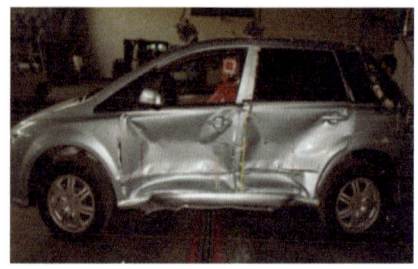

图3-1-7　车辆碰撞事故
（正面碰撞和侧面碰撞）

（3）运输与储存

如图3-1-8所示，必须将动力蓄电池及其组件存放在装有火灾探测器及自动灭火装置的空间内，确保即使不在工作时间内也能识别出失火情况。不允许将动力蓄电池直接放在地面上，只能放在专用的架子上或绝缘垫上。对于拆下的动力蓄电池模块，应存放在可上锁的安全柜内。

图3-1-8　动力蓄电池及模块的存放

动力蓄电池运输和储存的条件，包括时间、温度、湿度等见表3-1-1。

表3-1-1　动力蓄电池运输和储存的条件

运输	最多连续24h保持-40℃
	最多连续48h保持60℃
存储	最低温度：-40℃
	最高温度：60℃
	存储时间：3年（常温下，3年后需补充电）
	湿度：最大85%的相对湿度
生产后供应长期存储	最低温度：10℃
	最高温度：40℃
	存储时间：10年
	湿度：最大85%的相对湿度

(4) 损坏判断与处理

动力蓄电池出现以下情况时就会视为已经损坏：

- 动力蓄电池单元带有可见烧焦痕迹；
- 动力蓄电池单元具体部位可见高温形成迹象；
- 动力蓄电池单元冒烟；
- 动力蓄电池单元外部面板变形或破裂。

必须将损坏的动力蓄电池临时存放在户外带有特殊标记的容器内（图3-1-9）至少48h，之后才允许进行最终废弃处理。存放位置必须与建筑物、车辆或其他易燃材料，例如垃圾容器距离至少5m。

如果动力蓄电池外部已经严重损坏，必须放在耐酸且防漏凹槽内，以免溢出的电解液流入土壤，造成环境污染。

图3-1-9　损坏的动力蓄电池存放容器及类似标识

(5) 回收利用

根据行业专家从企业质保期限、动力蓄电池循环寿命、车辆使用工况等方面综合测算，2018年后新能源汽车动力蓄电池将进入规模化退役，到2020年累计将超过20万t，如果按70%可用于梯次利用，大约有累计6万t动力蓄电池需要报废处理。

对于动力蓄电池的回收利用，国家已经出台相关的法规。《新能源汽车动力蓄电池回收利用管理暂行办法》由工业和信息化部、科技部、环境保护部、交通运输部、商务部、国家质检总局、国家能源局于2018年1月26日联合印发，共有五章三十一条，自2018年8月1日施行。

动力蓄电池有哪些类型？

电能的储能方式有物理储能和化学储能两种。

物理储能方式有超级电容储能（如图3-1-10）和飞轮电池储能（如图3-1-11）两种典型的类型。

超级电容电池通过极化电解质来储能，属于双电层电容的一种。由于其储能的过程并不发生化学反应，因此这种储能过程是可逆的，正因为此超级电容器可以反复充放电数10万次。超级电容一般使用活性炭电极材料，具有吸附面积大、静电储存多的特点，在新能源汽车（大型客车）中有广泛使用。

图 3-1-10 超级电容储能器

图 3-1-11 飞轮电池

飞轮电池是典型的"物理储能"电池。飞轮电池是20世纪90年代才提出的新概念电池。飞轮电池突破了化学电池的局限,用物理方法实现储能。当飞轮以一定角速度旋转时,它就具有一定的动能,飞轮电池正是以其动能转换成电能的。飞轮电池不但降低了设备的体积和成本,而且大大提高了能量储存、转换和使用率。据称,飞轮电池比能量可达150W·h/kg,比功率达5000~10000W/kg,使用寿命长达25年,可供电动汽车行驶500万km。美国飞轮系统公司已用最新研制的飞轮电池成功地把一辆克莱斯勒LHS轿车改成电动轿车,一次充电可行驶600km,由静止到96km/h加速时间为6.5s。飞轮电池在太空、交通运输、军用和不间断能源方面,应用前景巨大。当然,目前飞轮电池依然有很多的缺点和技术问题有待解决,在汽车上还没有得到实际上的广泛应用。

化学储能指可充电的化学电池和不能充电的燃料电池,如图3-1-12~图3-1-17所示,主要包括铅酸蓄电池(含应用于自动启停系统的AGM蓄电池,采用玻璃纤维隔板,寿命长)、镍镉电池、镍氢电池、锂电池、燃料电池等。早期电动汽车上应用最广泛的电源是铅酸蓄电池,但随着电动汽车技术的发展,铅酸蓄电池由于比能量较低,充电速度较慢,寿命较短,已逐渐被其他类型的蓄电池所取代,而且采用铅酸蓄电池的低速电动汽车也不在新能源汽车之列。镍镉电池主要应用到电动工具或电动叉车上,没有实际生产和应用到电动汽车上。目前应用在纯电动汽车上的电池主要是镍氢电池、锂电池和燃料电池。

镍镉电池主要应用到电动工具或电动叉车上,没有实际生产汽车应用到电动汽车上。目前应用在新能源汽车上的电池主要是镍氢电池、锂电池和燃料电池。

图 3-1-12 铅酸蓄电池   图 3-1-13 AGM蓄电池   图 3-1-14 普通的镍镉电池

图3-1-15 普通的镍氢电池

图3-1-16 普通的锂电池

图3-1-17 燃料电池

1. 镍氢电池

镍氢电池（Nickel-Metal Hydride battery），正极活性物质主要由镍制成，负极活性物质主要由贮氢合金制成的一种碱性电池。镍氢电池单元额定电压1.2V，比能量约80 W·h/kg。

由于镍氢电池安全可靠，早期部分纯电动汽车和现在的大多数混合动力汽车采用了镍氢电池。常见的有方形和圆柱形的混合动力车用镍氢电池。

如图3-1-18是丰田混合动力汽车卡罗拉双擎的镍氢动力蓄电池，位于行李舱中；如图3-1-19是丰田混合动力汽车方形的镍氢动力蓄电池单元；如图3-1-20是本田混合动力汽车圆柱形的镍氢动力蓄电池单元。

图3-1-18 丰田卡罗拉双擎镍氢动力蓄电池位置

图3-1-19 方形的镍氢动力蓄电池单元

图3-1-20 圆柱形的镍氢动力蓄电池单元

（1）镍氢电池的优点

镍氢电池具有的优点如下：

1）应急补充充电性能好，充电18min可恢复40%~80%的容量，过充电和过放电性能好。

2）在80%的放电深度下，循环寿命可达1000次以上，是铅酸蓄电池的3倍，最多可达6000次。

3) 低温性能较好，能够长时间存放，可以在环境温度 -28~80℃ 条件下正常工作。

4) 镍氢电池中没有铅（Pb）和镉（Cd）等重金属元素，不会对环境造成污染。

5) 镍氢电池可以随充随放，不会出现镍镉电池在没有放完电后立即充电而产生的"记忆效应"。

（2）镍氢电池的缺点

镍氢电池的缺点如下：

1) 在高温条件下使用时电荷量急剧下降。

2) 自放电损耗较大。

3) 镍氢电池的成本很高，价格较贵。

4) 镍氢电池的比功率和放电能力不及镍镉电池。

5) 镍氢电池在使用时还应充分注意各个动力蓄电池单元之间的一致性，特别是在高速率、深放电情况下，各个动力蓄电池单元之间的容量和电压差较明显。

2. 锂电池

锂电池（Lithium battery）是指正极材料含锂（包括金属锂、锂合金和锂离子、锂聚合物），负极材料采用石墨，使用非水电解质溶液的电池。

纯电动汽车的动力蓄电池主要采用锂电池，包括磷酸铁锂电池（$LiFePO_4$）、钴酸锂电池（$LiCoO_2$）、锰酸锂电池（$LiMn_2O_4$）以及三元锂电池（$Li(NiCoMn)O_2$）。

三元锂电池是指电池的正极材料使用镍钴锰酸锂（$Li(NiCoMn)O_2$）三元复合正极材料的锂电池，镍钴锰的比例可以根据实际需要调整。三元锂电池的特点是能量密度大（能量密度达到240W·h/kg，是磷酸铁锂电池的1.7倍），同样重量的动力蓄电池组电池容量更大。但其缺点在于稳定性较差，如果内部短路或是正极材料遇水，都会有明火产生。在极端碰撞事故中，存在起火隐患。

如图3-1-21所示，特斯拉纯电动汽车采用的18650三元锂电池，18650即指电池的直径为18mm，长度为65mm，圆柱体型的电池。

图3-1-21 特斯拉采用的18650三元锂电池

（1）锂电池的优点

以最常见的磷酸铁锂电池为例，锂电池的优点如下：

1) 动力蓄电池单元工作电压高达3.7V，电压是镍氢电池的3倍，是铅酸蓄电池的近2倍。

2) 重量轻，比能量大，高达150W·h/kg，是镍氢电池的2倍，是铅酸蓄电池的4倍。

3) 循环寿命长，循环次数可达2000次以上。寿命约为铅酸蓄电池的2~3倍。

4) 自放电率低，每月不到5%。

5) 允许工作温度范围宽，低温性能好，锂电池可在-20~55℃之间工作。

6）无记忆效应，因此每次充电前不必像镍镉电池一样需要放电。

7）无污染，锂电池中不存在有毒物质，因此，被称为"绿色电池"。

（2）锂电池的缺点

锂电池的缺点如下：

1）机械损坏可能导致锂电池短路。

2）锂电池既不允许过度充电，也不允许过度放电。

3. 燃料电池

燃料电池是一种把氢氧化学能转化成电能的电化学装置。在燃料电池内发生的化学反应与水的电解过程刚好相反。电解是通过施加电流将水分解成其组成成分，即氢和氧的过程，在电解时需要消耗能量，如图3-1-22所示。

图3-1-22 燃料电池外形及化学反应

燃料电池的类型见表3-1-2。最适合汽车使用的燃料电池是PEM电池，也称为质子交换膜燃料电池。PEM电池必须用氢作为能源，可以是直接存储在车辆上的氢，或者是由另一种燃料生成的氢。

表3-1-2 燃料电池的类型

	PAFC 磷酸燃料电池	PEM 质子交换膜燃料电池	MCFC 熔融碳酸盐燃料电池	SOFC 固态氧化物燃料电池
电解质	磷酸	磺酸聚合物	锂、钾碳酸盐	稳态钇氧化锆
燃料	天然气、氢	天然气、氢	天然气、合成气	天然气、合成气
工作温度	182~210℃	80~100℃	593~704℃	649~1815℃
电效率	40%	30%~40%	43%~44%	50%~60%
制造商	ONSI公司	艾维斯塔、PP公司	IHI、日立、西门子	霍尼韦尔公司
应用	固定电源	汽车、移动电源	工业及公共电源	固定电源

三、动力蓄电池有哪些参数？

新能源汽车和动力蓄电池厂家在车辆的铭牌及技术资料等都会标注动力蓄电池相关的参数。例如比亚迪 e5 动力蓄电池的参数如下：

动力蓄电池类型：环保型磷酸铁锂电池
动力蓄电池单元：3.2V
动力蓄电池组额定电压：633.6V（3.2V×198 节 =633.6V）
完全充放电次数：2000 次
动力蓄电池包容量：75A·h（47.5kW·h）
工作温度：-20~60℃
储存温度/时间/SOC：
　-40~40℃，短期储存（3 个月）20%≤SOC≤40%
　-20~35℃，长期储存（1 年内）30%≤SOC≤40%
重量：≤490kg

需要说明的是，不同汽车厂家公布的参数以及同一参数的名称可能有所不同，请参照厂家的技术资料。以下介绍动力蓄电池常用的参数。

1．电压

电压在新能源汽车中主要指的是整个动力蓄电池组的电压。这个参数用于衡量电动汽车采用的导线质量以及动力蓄电池自身容量的大小。

电压指标包括电动势、端电压、开路电压、工作电压、额定电压、放电电压、终止电压和电压效率等。

（1）电动势

电池的电动势，又称电池标准电压或理论电压，为组成电池的两个电极的平衡电位之差。

（2）端电压

电池的端电压是指电池正极与负极之间的电位差。

（3）开路电压

电池的开路电压是无负荷情况下的电池端电压。开路电压不等于电池的电动势。电池的电动势是从热力学函数计算而得到的，而电池的开路电压则是实际测量出来的。

（4）工作电压

电池在某负载下实际的放电电压，通常是指一个电压范围。例如，铅酸蓄电池的工作电压为 1.8~2V；镍氢电池的工作电压为 1.1~1.5V；锂电池的工作电压为 2.75~3.6V。

（5）额定电压

也称"标称电压"，指在规定条件下电池工作的标准电压。例如比亚迪 e5 纯电动汽车的额定电压为 633.6V，比亚迪秦混合动力汽车额定电压是 460.8V。

（6）终止电压

指放电终止时的电压值，根据放电电流大小、放电时间、负载和使用要求的不同而不同。以铅酸蓄电池为例：电动势为2.1V，额定电压为2V，开路电压接近2.1V，工作电压为1.8~2V，放电终止电压为1.5~1.8V。放电终止电压根据放电率的不同，其终止电压也不同。

（7）充电电压

指外电源的直流电压对电池充电的电压。一般的充电电压要大于电池的开路电压，通常在一定的范围内。例如，镍镉电池的充电电压为1.45~1.5V；锂电池的充电电压为4.1~4.2V；铅酸蓄电池的充电电压为2.25~2.7V。

（8）电压效率

指电池的工作电压与电池电动势的比值。电池放电时，由于存在内阻等因素，使电池的工作电压小于电动势。

2. 内阻

内阻是指电池在工作时，电流流过电池内部所受到的阻力。电池在短时间内可以看作一个电压源，其内部阻抗等效为电压源的内阻，内阻大小决定了电池的使用效率。

内阻是电池最为重要的特性参数之一，绝大部分老化的电池都是因为内阻过大而造成无法继续使用。通常电池的内阻阻值很小，一般用 mΩ 来度量它。

电池的内阻可以用内阻测试仪测量，如图3-1-23所示是两种不同型号的内阻测试仪。

图3-1-23　测量电池内阻的仪器

3. 容量和比容量

（1）容量

指电池在充足电以后，在一定的放电条件下（放电率、温度、终止电压等）所能释放出的电量，表征电池储存能量的能力，其单位为安时（A·h）或毫安时（mA·h）。例如，比亚迪秦混合动力汽车蓄电池的额定容量为33A·h。

（2）比容量

为了比较不同系列的电池，常用比容量的概念。比容量是指单位质量或单位体积的电池所能释放出的电量，相应地称为质量比容量或体积比容量。例如，磷酸铁锂电池的比容量为130mA·h/g。

4. 能量和比能量

（1）能量

是指在一定放电条件下，电池所能输出的电能，通常用瓦时（W·h）表示。电池的能量，即储存电量的大小，直接影响电动汽车的续驶里程。

（2）比能量

也称能量密度，分质量比能量和体积比能量。

质量比能量是指单位质量电池所能输出的能量，单位常用 W·h/kg。也称质量能量密度。

体积比能量是指单位体积电池所能输出的能量，单位常用 W·h/L。也称体积能量密度。常用比能量来比较不同的电池系列。

提示：

针对新能源汽车整个动力蓄电池组，一般不会参考动力蓄电池单元容量"A·h"这个单位，原因是"A·h"很难给我们直观地体现动力蓄电池"工作能力"大小。比如 150"A·h"的动力蓄电池到底能行驶多少里程呢？

在新能源汽车中，通常利用 kW·h 这个单位去衡量动力蓄电池容量的大小。1kW·h 就是 100W 灯泡点亮 10h 的能量。纯电动汽车百公里耗电量为 13~15kW·h（根据车型和行驶条件不同），衡量新能源汽车续驶里程时，如果一辆新能源汽车动力蓄电池容量标注了 25.6kW·h，我们就可以粗略判断它可以给我们提供约 200km 的续驶里程。

5. 功率与比功率

电池的功率是指电池在一定放电条件下，单位时间内输出的能量，其单位为瓦（W）或千瓦（kW）。

单位质量或单位体积电池输出的功率称为比功率，单位为 W/kg 或 W/L。如果一个电池的比功率较大，则表明在单位时间内，单位重量或单位体积中给出的能量较多，即表示此电池能用较大的电流放电。因此，电池的比功率也是评价电池性能优劣的重要指标之一。

对于纯电动汽车，其电能储存装置应具有尽可能高的比能量，以保证汽车的续驶里程。对于混合动力汽车，其电能储存装置则应具有尽可能高的比功率，以保证汽车的动力性。

6. 荷电

荷电（荷电状态 State-Of-Char，简称 SOC），是指电池放电后剩余容量与全荷电容量的百分比。荷电是人们在使用中最关心的、也是最不易获得的参数数据，因为荷电是非线性变化的。SOC 测量方法有开路电压法、安时计量法、内阻法、卡尔曼滤波法、模糊逻辑和神经网络法等。

7. 寿命

电池的寿命分储存寿命和使用寿命。

储存寿命有干储存寿命和湿储存寿命两个概念。对于在使用时才加入电解液的电池储存寿命，习惯上也称为干储存寿命。干储存寿命可以很长；对于出厂前已加入电解液的电池储存寿命，习惯上称为湿储存寿命。湿储存时自放电严重，寿命较短。

使用寿命是指电池实际使用的时间长短。对一次电池而言，电池的寿命是表征给出额定容量的工作时间（与放电倍率大小有关）；对二次电池而言，电池的寿命分充放电循环寿命和湿搁置使用寿命两种。

充放电循环寿命是衡量二次电池性能的一个重要参数。在一定的充放电制度下，电池容量降至某一规定值之前，电池能耐受的充放电次数，称为二次电池的充放电循环寿命。充放电循环寿命越长，电池的性能越好。

二次电池的充放电循环寿命与放电深度、温度、充放电制式等条件有关。减少放电深度（即"浅放电"），二次电池的充放电循环寿命可以大大延长。

电池循环寿命测试方法基本上就是容量测试充放电过程的循环，直到电池实际容量小于额定容量的80%终止试验，记录循环次数。

8. 各类型的动力蓄电池参数对比

表3-1-3是常见类型动力蓄电池参数对比。由于动力蓄电池制造技术的发展，相应的参数和性能也不断变化，以厂家提供的实际数据为准。

表3-1-3 常见类型动力蓄电池参数对比

电池类型	比能量/(W·h/kg)	比功率/(W/kg)	能量效率（%）	循环寿命（次）
铅酸蓄电池	35~50	150~400	80	500~1000
镍镉电池	35~50	100~150	75	1000~2000
镍氢电池	60~80	200~400	70	1000~1500
锂电池	100~200	200~350	>90	1500~3000
锂聚合物电池	150~200	300~400	>90	2000~3000

9. 电池的一致性检测

在现有的动力蓄电池技术水平下，电动汽车必须使用多块动力蓄电池单元构成的动力蓄电池组来满足使用要求。由于同一类型、同一规格、同一型号动力蓄电池单元间在开路电压、内阻、容量等方面的参数值存在差别，即动力蓄电池单元性能存在不一致性，使动力蓄电池组在电动汽车上使用时，性能指标往往达不到动力蓄电池单元原有水平，使用寿命缩短，严重影响其在电动汽车上的应用，有必要对动力蓄电池组的一致性进行测试与评价。

电池开路电压间接地反映了电池的某些性能，保证电池开路电压的一致，是保证性能一致的一个重要方面。一般采用的方法是将电池静置数十天，测其满电荷电状态下贮存的自放电率以及满电状态下不同贮存期内电池的开路电压，通过观察自放电率和电压是否一致来对电池的一致性进行评价。根据静态电压配组的方法最简单，但准确度较差，仅考虑带负载时电压的情况，未考虑带电荷时间和输出容量等参数，往往需要结合其他方法一起使用。

容量是体现电池性能的一个重要参数。可按标准的容量测试流程计算容量，再根据容量及分布对一致性进行评价。这种方法具有操作简单、设备便宜、厂家易于实施等特点；但工作状态和使用环境不同，都会引起电池电压、容量特性的变化，在指定条件下的容量一致，并不能保证电池在实际充放电过程中保持一致。

如图3-1-24所示是电池容量分容柜。

如前文所述，电池的内阻可以快速地测量，因此被广泛

图3-1-24 电池容量分容柜

用于评价电池的一致性。但是准确测量内阻数值也有较大的难度,在目前仅能作为定性参考,很难作为定量、精确的依据。

四、动力蓄电池组由哪些结构组成?

1. 动力蓄电池的结构组成

新能源汽车的动力蓄电池组都是由很多的动力蓄电池单元进行并联、串联组成的,这样用于提高整个动力蓄电池组的容量和输出电压。

(1) 动力蓄电池的串联、并联和复联

1) 动力蓄电池单元的串联:动力蓄电池单元串联的目的是增加动力蓄电池的电压。

2) 动力蓄电池单元的并联:动力蓄电池单元并联的目的是增加动力蓄电池的容量。

3) 动力蓄电池单元的复联:动力蓄电池单元复联即同时采用串联和并联的方式,可同时增加动力蓄电池的电压和容量。

(2) 动力蓄电池内部结构的名称

以下名词通常用于描述动力蓄电池的内部结构部件(不同品牌厂家的名称可能有差异):

1) 动力蓄电池单元:构成动力蓄电池最小单元,也称电芯或单体电池,即我们常说的一节电池。如图3-1-25所示是各种类型动力蓄电池的电池单元。

2) 动力蓄电池单元组:一组并联的动力蓄电池单元组合,该组合额定电压与动力蓄电池单元的额定电压相等,是动力蓄电池单元在物理结构和电路上连接起来的最小分组,如图3-1-26所示。

图3-1-25 各种类型的电池单元

3) 动力蓄电池模块:动力蓄电池模块也称动力蓄电池模组,是由多个动力蓄电池单元组或动力蓄电池单元串联组成的一个组合体,如图3-1-27所示。

图3-1-26 动力蓄电池单元组

图3-1-27 动力蓄电池模块

4) 动力蓄电池组:即整个动力蓄电池总成。如图3-1-28所示,在一般情况下,先由动力蓄电池单元并联后形成动力蓄电池单元组,再由几个动力蓄电池单元组串联成动力蓄电池模块,再由几个动力蓄电池模块串联成动力蓄电池组。如图3-1-29的动力蓄电池组就是由8个动力蓄电池模块进行串联而成的。

图 3-1-28 动力蓄电池组的构成方式

图 3-1-29 由 8 个动力蓄电池模块构成的动力蓄电池组

2. 常见车型动力蓄电池结构组成

以下简要介绍常见的纯电动汽车和混合动力汽车动力蓄电池的结构组成。

警告：
动力蓄电池的分解和组装必须由生产厂家或专业技术人员完成！

提示：
- 分解动力蓄电池模块或动力蓄电池监控模块前必须打印元件位置图供参考；
- 工位洁净、干燥；
- 工位上没有工具或其他物体；
- 使用独立空间与其他工位隔开或使用隔离带进行空间隔离；
- 附近没有飞溅火花，否则应采用相应的隔板防护。

（1）上汽荣威 e50 纯电动汽车

上汽荣威 e50 纯电动汽车采用磷酸铁锂电池，额定电压 300V，能量 18kW·h，容量 60A·h，重量 230kg，充电时间慢充约 6h，快充约 30min。

动力蓄电池组的结构组成如图 3-1-30 所示，包含 5 个动力蓄电池模块，其中 3 个大的动力蓄电池模块（图中的 1，共 3 个动力蓄电池模块）分别由 27 个动力蓄电池单元组串联起来的，2 个小的动力蓄电池模块（图中的 2 和 7）又分别是由 6 个动力蓄电池单元组串联的，共计组成了 93 个电压 3.2V 的动力蓄电池单元组（每个由 3 个动力蓄电池单元并联）串联，实现约 300V 的输出电压。

图 3-1-30 上汽荣威 e50 动力蓄电池组的结构组成
1—动力蓄电池模块（3 个大动力蓄电池模块） 2、7—动力蓄电池模块（小动力蓄电池模块）
3—动力蓄电池管理控制器与动力蓄电池采集和均衡模块 4—动力蓄电池检测模块
5—手动维修开关 6—动力蓄电池高压电力分配单元与动力蓄电池采集和均衡模块

(2) 北汽新能源 EV 系列纯电动汽车

北汽新能源 EV 系列纯电动汽车采用磷酸铁锂电池，每个动力蓄电池单元电压 3.2V，额定（标称）电压 320V，能量 25.6kW·h，重量 295kg。

如图 3-1-31 所示，北汽新能源 EV160 的动力蓄电池组主要由动力蓄电池壳体（动力蓄电池箱）、动力蓄电池模块（模组）、动力蓄电池管理系统、辅助元器件等组成。5 个动力蓄电池单元并联组成一个动力蓄电池模块，再由 91 个动力蓄电池模块串联成动力蓄电池总成。

图 3-1-31 北汽新能源 EV160 动力蓄电池组的结构组成

(3) 比亚迪纯电动汽车

1) 比亚迪 e6：比亚迪 e6 纯电动汽车采用磷酸铁锂电池。标称电压是 3.3V、终止充电电压是 3.6V、终止放电电压是 2.0V。动力蓄电池组包括 11 个动力蓄电池模组，共 96 个动力蓄电池单元串联后，可以形成约 316.8V 左右的总电压。

如图 3-1-32 所示，11 个动力蓄电池模组从 A1-E 分别标记为 A1、A2、B1、B2、C1、C2、D1、D2、D3、D4 和 E：

A1、A2、E：每个动力蓄电池模组有 4 个动力蓄电池单元串联；

B1、B2——每个动力蓄电池模组有 10 个动力蓄电池单元串联；

C1、C2——每个动力蓄电池模组有 8 个动力蓄电池单元串联；

D1、D2、D3、D4——每个动力蓄电池模组有 12 个动力蓄电池单元串联。

图 3-1-32 比亚迪 e6 动力蓄电池的结构组成

2) 比亚迪 e5：比亚迪 e5 纯电动汽车采用磷酸铁锂动力蓄电池，动力蓄电池单元额定电压 3.3V，由 198 个动力蓄电池单元串联成额定电压 653.4V 的动力蓄电池组，总容量 65A·h，总能量42.47kW·h，如图3-1-33所示。

图3-1-33
比亚迪e5动力蓄电池的结构组成

（4）丰田混合动力汽车

丰田混合动力汽车，例如普锐斯、凯美瑞双擎、卡罗拉双擎等混合动力车型采用的动力蓄电池为镍氢电池，称"HV蓄电池组"，通常装在后排座椅后靠行李舱的位置，由HV蓄电池壳体、HV蓄电池模块、HV蓄电池管理系统、HV蓄电池接线盒总成、高压接触器等组成，如图3-1-34所示。

图3-1-34
丰田混合动力汽车HV蓄电池的结构组成

丰田混合动力汽车HV蓄电池的分解图如图3-1-35所示。

图3-1-35
丰田混合动力汽车HV蓄电池的分解图

1) HV 蓄电池内部结构组成：如图 3-1-36 所示，HV 蓄电池构成如下：

- 34 个 HV 蓄电池模块；
- 每个 HV 蓄电池模块均由 6 个 HV 蓄电池单元组成；
- 每个 HV 蓄电池单元在 2 个位置相连，减少内阻和提高效率；
- HV 蓄电池单元额定电压 1.2V；
- 总额定电压 244.8V；
- 能量密度约 80W·h/kg。

图 3-1-36　丰田 HV 蓄电池的内部结构组成

2) HV 蓄电池温度传感器：如图 3-1-37 所示，HV 蓄电池温度传感器安装在 HV 蓄电池上部 3 个部位，检测 HV 蓄电池的温度。

3) HV 蓄电池电流传感器：如图 3-1-38 所示，HV 蓄电池电流传感器检测 HV 蓄电池的电流强度。

图 3-1-37　丰田 HV 蓄电池的温度传感器

图 3-1-38　丰田 HV 蓄电池的电流传感器

4) 高压接触器和预充电阻：如图 3-1-39 所示，HV 蓄电池高压接触器（SMR），由正极接触器 B、负极接触器 G 和主接触器 P 组成，连接和断开 HV 蓄电池和高压电缆；预充电阻避免高压接触器闭合瞬间的强大电流损坏电子元件。

图3-1-39 丰田HV蓄电池的高压接触器和预充电阻

5)维修开关:如图3-1-40所示,丰田混合动力汽车的维修开关也称为服务插销或维修塞,串联在HV蓄电池模块之间,用于手动关闭高压电路。

图3-1-40 丰田HV蓄电池的维修开关

维修开关的拆卸和安装流程如图3-1-41所示。

图3-1-41 维修开关拆卸和安装流程

第二节　动力蓄电池管理系统结构原理与检修

一辆纯电动汽车红色动力蓄电池故障指示灯点亮，你的主管初步判断是动力蓄电池管理系统方面的问题，要求你利用诊断仪器进行进一步诊断，你能完成这项任务吗？

一、什么是动力蓄电池管理系统？

动力蓄电池的能量储存与输出都需要动力蓄电池模块来进行管理，即动力蓄电池能量管理模块，也称为动力蓄电池管理系统，或动力蓄电池能量管理系统，简称 BMS。

1. 动力蓄电池管理系统的安装位置

BMS 位于动力蓄电池总成内部或附近。如图 3-2-1 是丰田混合动力汽车（普锐斯、凯美瑞双擎、卡罗拉双擎）HV 蓄电池 BMS 的位置。

图 3-2-1
丰田混合动力汽车 BMS 的安装位置

如图 3-2-2 所示，通常纯电动或混合动力汽车内的 BMS 控制模块只有一个，但是由于动力蓄电池内部由多个动力蓄电池模组串联而成，因此 BMS 还会在每个动力蓄电池模组上设计一个接口模块，BMS 最后通过管理每个接口模块来实现对整个动力蓄电池的管理。

图 3-2-2
动力蓄电池内部的 BMS

2. 动力蓄电池管理系统的作用

BMS 是动力蓄电池的控制模块，用于检测动力蓄电池内动力蓄电池单元的电压、电流、温度，并实现多个动力蓄电池单元之间的均衡控制。BMS 是动力蓄电池保护和管理的核心部件，不仅要保证动力蓄电池安全可靠的使用，而且要充分发挥动力蓄电池的能力和延长使用寿命。BMS 作为动力蓄电池和整车控制器 VCU 以及驾驶人沟通的桥梁，通过控制高压接触器控制动力蓄电池组的充放电，并向 VCU 上报动力蓄电池系统的基本参数及故障信息。

如图 3-2-3 是丰田混合动力汽车 HV 蓄电池 BMS 工作示意图。

图 3-2-3　丰田混合动力汽车 HV 蓄电池 BMS 工作示意图

如图 3-2-4 是丰田混合动力汽车 BMS 监控 HV 蓄电池单元电压的原理图。HV 蓄电池总成中的 HV 蓄电池模组是通过电缆串联连接。HV 蓄电池管理系统在 17 个位置上监控 HV 蓄电池单元电压。

提示：

图中绿线为监控 HV 蓄电池单元电压的信号线，34 个 HV 蓄电池单元 2 个一组监控。

图 3-2-4　丰田混合动力汽车 BMS 监控 HV 蓄电池单元电压的原理图

3. 动力蓄电池管理系统的功能

BMS 的主要控制功能要包括：数据采集、动力蓄电池状态计算、能量管理、安全管理、热管理、均衡控制、通信功能和人机接口等。BMS 的控制方式如图 3-2-5 所示。

图 3-2-5　BMS 的控制方式

（1）数据采集

BMS 采集的动力蓄电池数据，包括电压、电流、温度、绝缘性能等重要指标。电动汽车 BMS 的采样速率一般要求大于 200Hz。

（2）动力蓄电池状态计算

动力蓄电池状态计算包括动力蓄电池组荷电状态（State Of Charge，SOC）和动力蓄电池组健康状态（State Of Health，SOH）两方面。SOC 用来提示动力蓄电池组剩余电量，是计算和估计电动汽车续驶里程的基础。SOH 用来提示动力蓄电池技术状态，预计可用寿命等健康状态的参数。

（3）能量管理

主要包括以电流、电压、温度、SOC 和 SOH 为输入信号进行充电过程控制，以 SOC、SOH 和温度等参数为条件进行放电功率控制两个部分。

（4）安全管理

监控动力蓄电池电压、电流、温度是否超过正常范围，防止动力蓄电池组过充、过放。在对动力蓄电池组进行整组监控的同时，大部分车型的 BMS 已经发展到对极端动力蓄电池单元进行过充电、过放电、过热等安全状态管理。

（5）热管理

在动力蓄电池工作温度超高时进行冷却，低于适宜工作温度下限时进行动力蓄电池加热，使动力蓄电池处于适宜的工作温度范围内，并在动力蓄电池工作过程中总保持动力蓄电池单元间温度均衡。对于大功率放电和高温条件下使用的动力蓄电池，动力蓄电池的热管理尤为必要。

（6）均衡控制

由于动力蓄电池单元的一致性差异导致动力蓄电池组的工作状态是由最差动力蓄电池单元

决定的。在动力蓄电池组各个动力蓄电池单元之间设置均衡电路，实施均衡控制是为了使各动力蓄电池单元充放电工作情况尽量一致，提高整体动力蓄电池组的工作性能。

（7）通信功能

通过 BMS 实现动力蓄电池参数和信息与车载设备或非车载设备的通信，为充放电控制、整车控制提供数据依据是 BMS 的重要功能之一，根据应用需要，数据交换可采用不同的通信接口，如模拟信号、脉冲（PWM）信号、CAN 总线或串行接口。

（8）人机接口

根据设计的需要设置显示信息以及车辆控制面板的按键、旋钮等。BMS 的主要工作原理可简单归纳为，数据采集电路采集动力蓄电池状态信息数据后，由电子控制单元（ECU）进行数据处理和分析，然后 BMS 根据分析结果对系统内的相关功能模块发出控制指令，并向外界传递参数信息。

4. 动力蓄电池管理系统由哪些结构组成？

BMS 的结构组成分为硬件和软件。硬件包括各控制模块，还包括采集电压、电流、温度等数据的电子器件；软件则用于监测动力蓄电池的电压、电流、SOC 值、绝缘电阻值和温度值等参数，通过与整车控制器 VCU、车载充电器的通信，来控制动力蓄电池系统的充放电。

如图 3-2-6 是北汽新能源 BMS 结构组成示意图，其他车型可以参考相应的技术资料。

图 3-2-6　北汽新能源 BMS 结构组成示意图

北汽新能源 BMS 各组成部件位置如图 3-2-7 所示。动力蓄电池模组放置在一个密封并且屏蔽的动力蓄电池箱里面，使用可靠的高低压插接件与整车进行连接。BMS 实时采集各电芯（动力蓄电池单元）的电压值、各温度传感器的温度值、动力蓄电池组的总电压值和总电流值，动力蓄电池组的绝缘电阻值等数据，并根据 BMS 中设定的标准值判定动力蓄电池系统工作是否正常，并对故障实时监控。BMS 使用 CAN 网络与 VCU 或车载充电器之间进行通信，对动力蓄电池组进行充放电等综合管理。

随着电子技术的发展，目前的纯电动汽车和混合动力汽车采用的 BMS，都已经把主控盒和低压管理系统集成到一个 BMS 模块内。如图 3-2-8 是比亚迪 e5 的 BMS 模块。

图3-2-7 北汽新能源BMS各组成部件位置示意图

图3-2-8 比亚迪e5的BMS模块

二、动力蓄电池管理系统需要采集哪些控制参数？

以下以北汽新能源纯电动汽车为例，介绍BMS采集的主要控制参数，其他车型可以参考。

1. 充电温度与电流

采用车载充电器充电时（慢充），充电温度与充电电流要求如表3-2-1。

表3-2-1 慢充时充电温度与充电电流的关系

温度	<0℃（加热）	0~55℃	>55℃
可充电电流	0A	10A	0A
备注	当动力蓄电池单元最高电压高于额定电压0.4V时，降低充电电流到5A，当动力蓄电池单元电压高于额定电压0.5V时，充电电流为0A，请求停止充电。		

采用非车载充电器充电时（快充），充电温度与充电电流要求如表3-2-2。

表3-2-2 快充时充电温度与充电电流的关系

温度	<5℃（加热）	5~15℃	15~45℃	>45℃
可充电电流	0A	20A	50A	0A
备注	恒流充电至动力蓄电池单元电压高于额定电压0.3V以后转为恒压充电方式			

2. 充电加热与保温

对于有加热功能的动力蓄电池，充电加热与保温的要求如下：

（1）充电加热

充电加热温度要求如表3-2-3。

表3-2-3 充电加热温度要求

充电状态	车载充电器（慢充）	非车载充电器（快充）
温度	<0℃（加热）	<5℃（加热）

1）慢充时＜0℃，启动加热模式：闭合加热片，待所有动力蓄电池单元温度＞5℃，停止加热，启动充电程序。如果过程中出现动力蓄电池单元温度差＞20℃，则间歇停止加热，待加热片温度差＜15℃，则重启加热片。

2）加热过程中，正常情况下充电桩电流显示为 4～6A。

3）充电过程中充电桩电流显示为 12～13A。

4）如果动力蓄电池单元电压差＞0.3V，则停止充电，报充电故障。

5）快充时≤5℃，启动加热模式：动力蓄电池单元温度数据与慢充相同；如果充电过程中最低温度≤5℃，则停止充电模式，也不重新启动加热模式。

（2）保温策略

1）充电保温只发生在车载充电完成后。

2）充电完成后，动力蓄电池温度≤5℃时进入保温模式，若动力蓄电池温度＞5℃，进入静置状态。

3）保温策略以保温 2h 为唯一截止条件。

4）保温过程中，动力蓄电池温度上升至≥8℃时，进入静置状态。

5）保温过程中，如果动力蓄电池温差＞20℃，进入静置状态直至温差＜10℃，再次启动加热。

3. 放电状态具备的条件

BMS 对动力蓄电池放电的控制，需同时满足以下条件：

（1）动力蓄电池内部条件

1）储电能量＞10%（SOC）。

2）动力蓄电池温度在 -20～45℃。

3）动力蓄电池单元温度差＜25℃。

4）实际动力蓄电池单元最低电压不小于额定动力蓄电池单元电压 0.4V。

5）动力蓄电池单元电压差＜0.3V。

6）绝缘性能＞500Ω/V。

7）动力蓄电池内部低压供电、通信正常。

8）BMS 工作正常（电压、电流、温度、绝缘）。

（2）动力蓄电池外部条件

1）BMS 常电供电正常（12V 正、负极）。

2）点火开关 ON 信号正常。

3）VCU 唤醒信号正常。

4）CAN 线通信正常（新能源 CAN 线）。

5）高压电缆连接正常。

6）高压电缆及电气设备绝缘性能＞500Ω/V。

7）充电连接确认信号线或充电唤醒信号无短路断路（CC、CP，整车控制器 VCU 到车载充电器或充电连接线束）。

提示：

需要特别注意的是，当动力蓄电池报一级故障时无法放电。

4. 充电状态具备的条件

BMS 对动力蓄电池充电的控制，需同时满足以下条件：

（1）车载充电器（慢充）

1）BMS 常电供电正常（12V 正、负极）。
2）点火开关 ON 信号正常。
3）充电唤醒信号正常。
4）CAN 线通信正常（新能源 CAN 线）。
5）高压电缆连接正常。
6）高压电缆及电气设备绝缘性能 >500Ω/V。
7）动力蓄电池温度高于 0℃。
8）动力蓄电池内部无故障。

（2）非车载充电器（快充）

1）BMS 常电供电正常（12V 正、负极）。
2）点火开关 ON 信号正常。
3）充电唤醒信号正常。
4）CAN 线通信正常（新能源 CAN 线）。
5）高压电缆连接正常。
6）高压电缆及电气设备绝缘性能 >500Ω/V。
7）动力蓄电池温度高于 5℃。
8）动力蓄电池软件版本与充电桩软件版本匹配。
9）动力蓄电池与充电桩通信不超时。
10）动力蓄电池内部无故障。

三、什么是动力蓄电池热管理系统？

1. 动力蓄电池热管理系统的作用

电动汽车的动力蓄电池、驱动电机、驱动电机控制器等部件在工作中会产生大量的热量，部件的过热会严重影响其工作性能。以镍氢电池为例，由表 3-2-4 可以看出，镍氢电池经过放电工况后，电池箱内电池的最高温度和最低温度与电池平均温度之差在 4.2℃左右，电池的最高温度在 35.5℃左右。

表 3-2-4 镍氢电池放电前后电池箱电池温度测试对照

工况	最高温度	最低温度	平均温度
放电前	30.2℃	29.2℃	29.7℃
放电后	35.5℃	32.3℃	33.9℃

（1）动力蓄电池组在充放电时会释放一定的热量，故需要对动力蓄电池组进行冷却 动力蓄电池作为电动汽车的动力能源，其充电、放电的发热一直阻碍着电动汽车的发展。

动力蓄电池的性能与温度密切相关。40～50℃以上的高温会明显加速动力蓄电池的衰老，更高的温度（如120～150℃以上）则会引发动力蓄电池热失控。

（2）在低温环境下，需要对动力蓄电池组进行加热处理，以提高运行效率

动力蓄电池组最佳工作温度约23～24℃，温度并非越低越好，在低温的环境下需要对动力蓄电池组进行加热，保持合适的工作温度。

综上，动力蓄电池组不仅需要冷却，还需要加热，需要专门的"热管理系统"对动力蓄电池组冷却或加热控制，保持动力蓄电池组较佳的工作温度，以改善其运行效率并提高使用寿命。

需要特别说明的是，目前国内常见的绝大多数纯电动汽车的驱动电机及驱动电机控制器都具有冷却系统，但动力蓄电池除了少数车型（如上汽荣威）以外，并没有设计专门的冷却系统，这是因为：

一方面，动力蓄电池冷却系统增加了动力蓄电池组的体积，也会消耗了动力蓄电池的一部分能量；

另一方面，通过对动力蓄电池的材料进行改进，以及利用控制程序进行修正，对动力蓄电池工作环境要求会适当降低。当然，这会以损耗动力蓄电池寿命为代价的。

2. 动力蓄电池热管理系统的形式

目前应用在动力蓄电池上热管理系统的冷却方式有水冷和风冷两种。

（1）水冷式的结构和工作原理

采用水冷的动力蓄电池，会设计有一套较为复杂的冷却回路，如图3-2-9所示是水冷动力蓄电池热管理系统结构，主要部件包括散热器、膨胀阀、电动水泵（冷却液泵）、冷却液控制阀、加热器和冷却管路，以及相关的控制模块（VCU、BMS和空调控制模块）等。

图3-2-9 水冷动力蓄电池热管理系统结构

当动力蓄电池组温度过高时，利用空调系统运行先对动力蓄电池组的冷却液进行降温，再冷却动力蓄电池组；当动力蓄电池组温度过低时，通过加热动力蓄电池组内的冷却液来让动力蓄电池组升温。需要注意的是，整个动力蓄电池组的冷却液都是由电动水泵来让动力蓄电池组内冷却液保持循环的。

水冷动力蓄电池冷却系统优点是：动力蓄电池平均能量效率高；动力蓄电池模块结构紧凑；冷却效果好；能集成动力蓄电池加热组件，解决了在环境温度很低的情况下，加热动力蓄电池的问题。

缺点是：系统复杂，增加很多部件，如电动水泵、控制阀、冷却液制冷器等，成本增加。

以下介绍冷却系统关键部件电动水泵和电子风扇。

电动水泵如图3-2-10所示，冷却液循环的动力元件，对冷却液加压，促使冷却液在冷却系统中循环，带走系统散发的热量。

图3-2-10 电动水泵

电子风扇如图3-2-11所示，与传统燃油汽车基本一致，作用是提高流经散热器、冷凝器的空气流速和流量，以增强散热器的散热能力，并冷却前机舱其他附件。

以下介绍动力蓄电池热管理系统在不同条件下的冷却和加热控制方法。

1）常规冷却控制：如图3-2-12所示，冷却液控制阀控制冷却液循环不经过空调系统，对动力蓄电池进行常规冷却。

图3-2-11 电子风扇

图3-2-12 动力蓄电池常规冷却

2）增强冷却控制：如图3-2-13所示，冷却液控制阀控制冷却液循环经过空调系统，空调系统工作，冷却液通过冷却液制冷器对动力蓄电池进行增强冷却。

图3-2-13 动力蓄电池增强冷却

3）加热控制：如图3-2-14所示，冷却液控制阀控制冷却液循环经过加热系统，加热器加热冷却液，对动力蓄电池进行加热。

图3-2-14 动力蓄电池加热

(2) 风冷式的结构和工作原理

以丰田混合动力汽车为例，介绍风冷式HV蓄电池热管理系统。

丰田混合动力汽车HV蓄电池热管理系统结构如图3-2-15所示。

图3-2-15 丰田混合动力汽车HV蓄电池热管理系统结构

1)冷却风扇控制:HV 蓄电池装备有一个冷却风扇和冷却通风导管,BMS 使用温度传感器探测 HV 蓄电池温度和空气温度,根据温度信号,BMS 通过 PWM 脉冲信号来调节冷却风扇转速,HV 蓄电池组工作温度超出正常范围时,系统启动 HV 蓄电池冷却风扇(图 3-2-16)。

2)冷却气流控制:冷却系统的进风口设计在后排乘客座椅的右侧,如图 3-2-17 所示。在 HV 蓄电池温度较高时,利用乘客舱内空调产生的冷空气对 HV 蓄电池组进行冷却;当环境温度较低时,也会利用在低温情况下乘客舱内暖的空气对 HV 蓄电池组进行保温。

图 3-2-16 HV 蓄电池冷却风扇

图 3-2-17 冷却系统进风口位置

风冷 HV 蓄电池冷却空气流动如图 3-2-18 所示。冷却空气通过后排座椅右侧的进气口管道流入,并通过进气风道进入行李舱右边的 HV 蓄电池鼓风机总成,冷却空气流过进气风道(将鼓风机总成与 HV 蓄电池总成的右上表面相连接)并流向 HV 蓄电池总成。冷却空气在 HV 蓄电池模块间从高处向低处流动。在对 HV 蓄电池模块进行冷却后,从 HV 蓄电池总成底部右侧表面排出。

图 3-2-18 风冷系统空气流向

第四章
新能源汽车驱动电机与控制器检修

驱动电机是纯电动汽车的唯一动力源，是混合动力汽车辅助动力源。驱动电机输出扭矩，驱动汽车前进后退；在下坡、制动等工况下，驱动电机也可以作为发电机发电，实现制动能量回收。本章主要介绍驱动电机与控制器的结构原理与检修，包含2个单元：

①驱动电机结构原理与检修；
②驱动电机控制器结构原理与检修。

通过以上2个单元的学习，你能够了解驱动电机与控制器的类型、工作原理和结构组成，掌握驱动电机与控制器的检修方法。

第一节　驱动电机结构原理与检修

一辆纯电动汽车的驱动电机发生故障，你的主管让你更换驱动电机总成，你能完成这个任务吗？

一、什么是驱动电机？

1. 驱动电机的作用

驱动电机，简称电机或电动机，是将电能转化成机械能，用来驱动其他装置的电气设备。

驱动电机是新能源汽车驱动系统的核心部件之一。驱动电机为整车提供动力，通过驱动电机的正转来实现整车加速、减速；通过驱动电机的反转来实现倒车。在进行能量回收时，例如在下坡、高速滑行以及制动过程中把动能通过驱动电机转化为电能。

如图4-1-1是北汽新能源汽车EV200采用的三相永磁同步电机的外观和车上的位置。

混合动力汽车和纯电动汽车的驱动电机所起作用都相同，即作为驱动电机使用，也同时作为发电机使用。纯电动汽车的驱动功率唯一来源是驱动电机，对驱动电机在功率和稳定性上有更高的要求。

驱动电机功率和扭矩关系到汽车的动力性能，输出功率的大小就类似于传统燃油汽车内燃机的输出功率。输出功率越大，车辆行驶的最高车速越高；输出转矩越大，加速性能越好。汽车上的驱动电机都在有限的转矩输出下，设计成高速电机。驱动电机的参数会在铭牌上标识出来，如图4-1-2所示是北汽新能源纯电动汽车的驱动电机铭牌。

图4-1-1　北汽新能源汽车驱动电机在车上的位置

图4-1-2　北汽新能源纯电动汽车的驱动电机铭牌

2. 驱动电机的类型、参数与结构组成

驱动电机的技术已经很成熟了，并且产品种类、形式也越来越丰富。如表4-1-1所示，应用在新能源汽车中的驱动电机主要有直流电机、异步电机（三相交流）、永磁同步电机（三相交流）和开关磁阻电机 4 种形式。

表 4-1-1 典型驱动电机性能特征对比图

性能/类型	直流电机	异步电机	永磁同步电机	开关磁阻电机
转速范围/（r/min）	4000~6000	12000~20000	4000~10000	>15000
功率密度	低	中	高	较高
驱动电机重量	重	中	轻	轻
驱动电机体积	大	中	小	小
可靠性	一般	好	优良	好
结构坚固性	差	好	好	好
驱动电机控制器成本	低	高	高	一般

从当前的应用情况来看，大多数纯电动汽车和油电混合动力汽车采用三相交流永磁同步电机。同步电机是指转子转速与定子旋转磁场的转速同步的电机。如图 4-1-3 所示是三相交流永磁同步电机的结构示意图。

图 4-1-3 三相交流永磁同步电机的结构示意图

如图 4-1-4 所示，用于汽车驱动的同步电机几乎都为旋转磁极式，转子使用永磁体，与变速驱动单元输出齿轮机构连接，是旋转输出部分。电机定子是缠绕三相线圈的部分，与变速驱动单元壳体固定。转子磁体的 N 极、S 极随定子绕组的旋转磁场磁极的移动而旋转。磁场产生磁通量，电枢完成电能与机械能的转换。

a）转子　　　　　　b）定子　　　　　c）转子定子结构示意图

图 4-1-4 同步电机的定子和转子

驱动电机的工作主要根据驱动电机控制器（逆变器）发出指令执行。驱动电机控制器将输入的直流电逆变成电压、频率可调的三相交流电，供给配套的三相交流永磁同步电机使用。

以下介绍纯电动汽车与混合动力汽车驱动电机及变速驱动单元的结构和性能参数。

（1）纯电动汽车驱动电机及变速驱动单元结构和性能

以比亚迪纯电动汽车为例。比亚迪 e5、e6 使用的驱动电机为三相交流永磁同步电机，具有高密度、小型轻量化、高效率、高可靠性、高耐久性及强适应性等特点，驱动电机与单档变速器组成的动力总成技术参数见表 4-1-2。

表 4-1-2 比亚迪 e5 纯电动汽车动力总成技术参数表

动力总成	技术参数
驱动电机最大输出转矩	310N·m（0～4929r/min）
驱动电机额定转矩	160N·m（0～4775r/min）
驱动电机最大输出功率	160kW（4929～12000r/min）
驱动电机额定功率	80kW（4775～12000r/min）
驱动电机最大输出转速	12000r/min
动力总成重量	103kg
总减速比	9.342
变速器润滑油量	1.8L
变速器润滑油类型	齿轮油 SAE 80W-90（冬季环境温度低于-15℃的地区推荐换用 SAE 75W-90）

驱动电机运转时，输出的动力经过动力总成（即变速驱动单元）的齿轮减速机构（即单档变速器）直接传递给传动轴。动力总成安装在前机舱内，如图 4-1-5 所示。

图 4-1-5
比亚迪动力总成（驱动电机及变速驱动单元）

单档变速器的结构如图 4-1-6 所示。

图 4-1-6
单档变速器的结构

动力总成的分解图如图 4-1-7 所示。

图4-1-7 动力总成的分解图

（2）混合动力汽车驱动电机及驱动单元结构组成和性能特点

以丰田混合动力汽车的变速驱动单元（驱动桥）为例。

1）结构特点：丰田混合动力汽车变速驱动桥由发电机 MG1、驱动电机 MG2 和行星齿轮组成（图4-1-8）。

其中，MG1、MG2 定子绕组采用三相 Y 形连接，每相由 4 个绕组并联，可以在给驱动电机输入较大电流下，获得最大转矩和最小转矩脉动。此外，MG1、MG2 均采用永磁体转子，安装在转子铁心内部。转子内的永磁铁为"V"型，这样永磁体既有径向充磁，又有横向充磁，有效集中了磁通量，提高驱动电机的转矩（图4-1-9）。

图4-1-8 丰田混合动力汽车变速驱动桥与驱动电机结构示意图

由于丰田混合动力汽车的驱动电机（图4-1-10）与发动机并列布置在车辆上，因此对驱动电机的小型化要求十分严格，实现了混合动力系统所要求的驱动电机性能，也就是已经实现小型化、低损耗以及小型化所带来的冷却与绝缘性能改善。

图4-1-9 驱动电机转子永磁体结构形式　　图4-1-10 丰田混合动力汽车驱动电机外形图

2）冷却润滑性能特点：丰田混合动力汽车变速驱动桥利用变速器内部齿轮润滑的润滑油 ATF（Automatic Transmission Fluid）实现绕组的冷却，将驱动电机的热量传导到壳体上。

如图 4-1-11 所示，ATF 存留于变速器的最低位置（油箱），通过差速齿轮与塔轮的旋转，将 ATF 从油箱搅起，临时储存于位于上部的 ATF 采集箱中，ATF 受重力作用填充到定子与壳体之间的间隙中，实现定子到壳体的热传递。ATF 吸收绕组端部的热量，将其传递到油箱，再传递到壳体。

图 4-1-11　丰田混合动力汽车驱动电机冷却润滑系统示意图

3）绝缘性能特点：丰田混合动力汽车将驱动电机的电源电压从 500V 提高到 650V 之后，逆变器开关切换时驱动电机受到的冲击电压也提高了近 30%。最容易受切换冲击影响的是三相绕组 U、V、W 间的各个相之间绝缘性与对地绝缘性，为了确保其绝缘性能，如图 4-1-12 所示，增加插入相间绝缘纸的工序并努力实现其自动化操作，提高耐冲击性能。

图 4-1-12　驱动电机绝缘性能示意图

此外，考虑驱动电机各绕组的电压分配，对绕组连接方式进行研究，降低相邻绕组之间的电动势，提高耐冲击性能。

二、为什么驱动电机需要冷却系统？

电动汽车在驱动与回收能量的工作过程中，驱动电机定子铁心、定子绕组在运动过程中都会产生损耗，这些损耗以热量的形式向外发散，需要有效的冷却介质及冷却方式来带走热量，保证驱动电机在一个稳定的冷热循环平衡的通风系统中安全可靠运行。特别说明的是，对于采用永磁同步电机的变速驱动单元，由于车辆在大负荷低速运行时，极容易使驱动电机产生高温。在高温状态下很容易导致永磁转子产生磁退现象，因此需要借助冷却系统对驱动电机的温度进行控制。

另外，驱动电机控制器（逆变器）在工作过程中也会产生大量的热，影响其工作性能，因此同样需要借助驱动电机冷却系统进行冷却。

因此，驱动电机与控制器冷却系统的性能直接影响驱动电机的安全运行和使用寿命。

1. 驱动电机与控制器冷却系统的功能

纯电动汽车冷却系统（图 4-1-13）的功能是将驱动电机、驱动电机控制器及其他部件（如车载充电器等）产生的热量及时散发出去，保证其在要求的温度范围内稳定高效的工作。

图 4-1-13　驱动电机与控制器冷却系统

2. 驱动电机与控制器冷却系统的类型

驱动电机有风冷和水冷两种冷却类型。

（1）风冷

风冷可以依靠车辆行驶时自然风冷却，依靠驱动电机铁心自身的热传递，散去驱动电机产生的热量，热量通过封闭的机壳表面传递给周围介质，其散热面积为机壳的表面，为增加散热面积，机壳表面可加冷却筋或散热片（图 4-1-14）。

风冷也可以由驱动电机自带同轴风扇来形成内风路循环或外风路循环，通过风扇产生足够的风量，带走驱动电机所产生的热量。风冷介质为驱动电机周围的空气，空气直接送入驱动电机内，吸收热量后向周围环境排出。

风冷结构相对简单，驱动电机冷却成本较低，适用于与成本较低且功率较小的纯电动汽车。

图 4-1-14　风冷驱动单元总成（含驱动桥）

（2）水冷

水冷是将水（冷却液）通过管道和通路引入驱动电机定子或转子空心导体内部，通过循环水不断的流动，带走驱动电机转子和定子产生的热量，达到对驱动电机的冷却功能。

水冷的冷却效果比风冷更显著，基本无热量散发到环境中。但是，水冷需要良好的机械密封装置，水循环系统结构复杂，存在渗漏隐患，如果发生水渗漏，会造成驱动电机绝缘破坏，可能烧毁驱动电机；水质需要特别处理，其电导率、硬度和 pH 值都有一定的要求。

目前绝大部分的纯电动汽车都采用水冷型的驱动电机（图4-1-15）。

采用水冷的驱动电机外壳上设计有很多冷却水道

图4-1-15
采用水冷型的驱动电机

3. 驱动电机与控制器冷却系统的结构

以下介绍北汽新能源纯电动汽车驱动电机与控制器冷却系统结构。其他车型可参考相应的技术资料。

（1）驱动电机与控制器冷却系统工作原理

以北汽新能源纯电动汽车的 C33DB 驱动电机为例。冷却系统由两个体系构成：冷却水回路和冷却风流道。

冷却水在流经驱动电机控制器 MCU、车载充电机和驱动电机等热源时，热源通过热传导将热量传递给冷却液，高温冷却液通过电动水泵提供的动力流经散热器时将热量通过热传导传递给散热器芯体，冷却空气通过热对流将热量带走，完成换热过程，如图4-1-16所示。

图4-1-16
北汽新能源纯电动汽车的冷却系统结构示意图

膨胀箱在冷却系统中起提高冷却液沸点和提供冷却液加注口两大作用。

北汽新能源驱动电机冷却系统控制策略如下：冷却系统电动水泵与电子风扇由整车控制器 VCU 控制，根据整车热源（驱动电机、驱动电机控制器和车载充电机）温度进行控制。

1）水泵控制：启动车辆时电动水泵开始工作（即仪表显示 READY）

2）驱动电机温度控制：当驱动电机控制器监测到驱动电机温度 45℃≤温度＜50℃时电子风扇低速启动；温度≥50℃时，电子风扇高速启动；温度降至 40℃时电子风扇停止工作；120℃≤温度＜140℃时，降功率运行；温度≥140℃时，降功率至0，即停机。

3）驱动电机控制器温度控制：当驱动电机控制器监测到散热基板温度≥75℃时，电子风扇低速启动；温度≥80℃时，电子风扇高速启动；温度降至75℃时电子风扇停止工作；温度≥85℃时，进行超温保护，即停机；当驱动电机控制器监测到散热基板温度为：75℃≤温度≤85℃时，降功率运行。

（2）驱动电机与控制器冷却系统主要部件

以下介绍冷却系统的主要部件。

1）电动水泵：电动水泵的作用是冷却液循环的动力元件，对冷却液加压，促使冷却液在冷却系统中循环，带走系统散发的热量。电动水泵安装在车身右纵梁前部下方，位于整个冷却系统较低的位置。电动水泵自带橡胶支架，起到降低噪声的作用。北汽新能源电动水泵安装位置如图4-1-17所示，北汽新能源电动水泵外形如图4-1-18所示。

图4-1-17 北汽新能源电动水泵安装位置

图4-1-18 北汽新能源电动水泵外形

如图4-1-19是电动水泵剖面图。电动水泵采用的是永磁无刷直流电机，浮动式转子与叶轮注塑成一体。严禁电动水泵在没有冷却液的情况下空载运行，否则将导致转子、定子的磨损，将最终导致水泵的损坏。

电动水泵的插接件位于后盖上，插接件为两线，分别为正极和负极，如图4-1-20所示。

图4-1-19 电动水泵剖面图

图4-1-20 电动水泵插接件

2）电子风扇：电子风扇的作用是提高流经散热器、冷凝器的空气流速和流量，以增强散热器的散热能力，并冷却前机舱其他附件。

电子风扇的结构特性：C33DB采用左右双风扇构架，采用半径为125mm、6叶不对称结构的扇叶，双风扇分别由整车电源提供输入，根据驱动电机、驱动电机控制器、空调压力等参数由VCU控制双风扇运行，电子风扇采用为两档调速风扇，如图4-1-21所示。

电子风扇插接件为四线，高速：两个"+"接正极，两"-"接负极；低速：两个"+"接正极，一个"-"接负极，如图4-1-22所示。

图4-1-21 北汽新能源汽车电子风扇

图4-1-22 电子风扇插接件

4. 驱动电机与控制器温度过高故障与排除方法

驱动电机与控制器冷却系统工作不良时，会导致驱动电机与控制器温度过高的故障。故障部位与检修方法如下：

（1）冷却液缺少

1）故障原因1：未按保养手册添加冷却液，导致冷却液缺少。

检修方法：膨胀箱处添加冷却液。

2）故障原因2：冷却液泄漏，导致冷却液缺少。

检修方法：检查泄漏部位，如管路环箍、水管、散热器等，维修或更换损坏部件。

（2）电动水泵工作不良

1）故障原因1：冷却液含有杂质导致电动水泵堵塞停转；电动水泵泵盖/密封圈/泵轮等部位损坏。

检修方法：清洁并更换冷却液；更换损坏的电动水泵。

2）故障原因2：电动水泵线路不良，如：整车线束发生虚接，虚接/短路/断路等故障；电动水泵控制线路熔丝熔断/继电器损坏/插接件针脚退针。

检修方法：查找线束故障，依据线束维修手册处理；更换损坏的电动水泵。

（3）电子风扇工作不良

1）故障原因1：电子风扇控制线路熔丝熔断/继电器损坏/插接件针脚退针，线束虚接/短路/断路等故障。

检修方法：更换损坏的部件；查找线束故障，依据线束维修手册处理。

2）故障原因2：电子风扇损坏，扇叶破损/断裂，扇叶不工作。

检修方法：更换电子风扇。

3）故障原因3：驱动电机/驱动电机控制器温度传感器故障，电子风扇不工作。

检修方法：查找驱动电机/驱动电机控制器温度传感器故障，依据相应维修手册处理。

（4）散热器工作不良

故障原因：散热器芯体老化，散热器芯管堵塞；散热带倒伏，影响进风量；水室堵塞，影响冷却液循环。

检修方法：更换散热器。

（5）进风量不足

故障原因：前保险杠中网或下格栅进风口堵塞。

检修方法：查找原因并排除。

第二节 驱动电机控制器结构原理与检修

一辆纯电动汽车无法运行，你的主管初步判断驱动电机控制器发生故障，让你进一步检测，你能完成这个任务吗？

一、什么是驱动电机控制器？

1. 驱动电机控制器的功能

大多数电动汽车将驱动电机逆变器与控制模块集成在一起，称为驱动电机控制器，简称 MCU。MCU 通常位于驱动电机的上部，作用是利用 IGBT（比亚迪 IGBT 结构如图 4-2-1 所示）将动力蓄电池的直流电转化为交流电，然后输出给驱动电机，用于控制驱动电机的运转速度、运转方向（前进及倒车）以及将驱动电机作为逆变电机发电（减速及制动时进行能量回收）。

图 4-2-1 比亚迪 IGBT 结构

提示：

IGBT（Insulated Gate Bipolar Transistor，绝缘栅双极型晶体管）

IGBT 被认为是电动汽车的核心技术之一。它的作用是将动力蓄电池的直流电转化为交流电，同时还承担电压的高低转换功能。另外也将驱动电机回收的交流电流转换成可供动力蓄电池充电的直流电流。

如图 4-2-2 所示，动力蓄电池组和驱动电机分别与 IGBT 模块的输入端及输出端连接，IGBT 的输出电压由驱动电机控制器向其输入的驱动信号控制。在运行过程中，驱动电机控制器通过采集分析车速、加速、制动、启动、驱动电机转速等传感器信号来进行驱动电机电压的输出控制，输出方式是将 PWM（脉冲）信号传递到 IGBT 模块。驱动电机控制器还通过采集驱动电机电压信号、驱动电机电流信号、驱动电机和 IGBT 模块的温度等反馈信号进行系统的过流、过压、过热保护。

驱动电机控制器 MCU 是驱动电机的主控制模块，通过接收整车控制器 VCU 的车辆行驶控制指令，同时利用各种传感器采集信息，并将运行状态的信息发送给整车控制器 VCU。

图4-2-2 驱动电机控制系统控制框图

目前应用在电动汽车上的驱动电机控制器主要有两种类型：

一种是仅用于控制驱动电机的，即MCU。如图4-2-3是北汽EV200纯电动汽车的MCU。

另一种是具有集成控制功能的驱动电机管理模块，即集成MCU与DC/DC变换器及其他功能，这类的驱动电机管理模块也被称为PCU或PEU。如图4-2-4是上汽荣威e50纯电动汽车的PEU。

图4-2-3 北汽新能源EV200的MCU

图4-2-4 上汽荣威e50纯电动汽车的PEU

如图4-2-5所示，上汽荣威e50驱动电机控制器PEU的特点是，同时具有控制驱动电机和DC/DC变换器的组合功能，此外在驱动电机控制器内部还会并联一条高压线路给空调压缩机供电。PEU驱动电机控制器一端连接来自动力蓄电池的直流高压电；另一端连接驱动电机的三相交流电缆。PEU将来自动力蓄电池的直流电转换为可用于驱动电机的U、V和W三相交流电，同时在制动能量回收时，也将来自驱动电机产生的交流电转换成直流电，回馈给动力蓄电池。

将驱动电机控制器MCU与DC/DC变换器集成化是目前纯电动汽车与混合动力汽车驱动电机控制器发展的一个趋势，集成度更高的系统既节省了成本，也利于系统之间信息的共享与车辆部件位置的布置设计。如图4-2-6所示，比亚迪e5甚至将驱动电机控制器、DC/DC变换器、车载充电器及高压配电箱BDU集成一体，即"四合一"的高压电控总成。

图4-2-5　上汽荣威e50 PEU内部结构和工作原理图

图4-2-6
比亚迪e5高压电控总成

2. 驱动电机控制器的结构

以比亚迪e6纯电动汽车和比亚迪秦混合动力汽车为例,介绍驱动电机控制器的结构。其他车型可以参照相应的技术资料。

(1) 比亚迪e6纯电动汽车驱动电机控制器的结构

比亚迪e6的驱动电机控制器安装在前机舱右侧,靠近DC/DC变换器的位置,如图4-2-7所示。

图4-2-7
比亚迪e6驱动电机控制器

比亚迪 e6 的驱动电机控制器总成包含上、中、下三层，上、下层为驱动电机控制单元，中层为水道冷却单元，还包括低压信号插接件、2 根动力蓄电池正负极插接件、3 根驱动电机三相（U、V、W）动力输出线和 2 个水套接管接头及其他周边附件，如图 4-2-8 所示。

图 4-2-8　驱动电机控制器主要接口示意图

驱动电机控制器利用 IGBT 将动力蓄电池的直流电转换为交流电，并控制驱动电机工作，驱动电机控制器的主要功能有：

1）控制驱动电机正向驱动、反向驱动车辆；
2）控制驱动电机发电、制动能量回收；
3）控制驱动电机的动力输出功率，同时对驱动电机进行保护；
4）通过 CAN 与其他控制模块通信，接收并发送相关的信号，间接地控制车上相关系统正常运行；
5）自身内部故障的检测和处理。

如图 4-2-9 是驱动电机控制器的控制框图。

图 4-2-9　驱动电机控制器的控制框图

驱动电机控制器输入的高压电是来自高压配电箱（BDU）的动力蓄电池直流电，输出到驱动电机的是三相交流电；输入的低压电源是来自 DC/DC 变换器和低压蓄电池的 12V 低压电源，并进行冷却水泵驱动；驱动电机控制器还采集 CAN 通信线、制动深度传感器（制动开关）、节气门深度传感器（加速踏板）、驻车（档位）信号、冷却液温度传感器、驱动电机温度传感器、旋转变压器（驱动电机角度传感器）等信号。

由于三相永磁同步电机开环控制容易产生脱离同步运转的情况，因此需要对转子的磁极位置进行检测，根据磁极的变化改变定子三相电缆电流的供给。除了对电压、电流、温度的监控以外，驱动电机控制器需要持续检测驱动电机转子位置。

比亚迪 e6 驱动电机检测驱动电机转子旋转的角度和位置传感器采用旋转变压器形式。

旋转变压器，简称旋变器，也称旋变传感器或角度传感器，是一种输出电压随转子转角变化的信号元件。旋转变压器（角度传感器）安装位置及结构如图 4-2-10 所示。

驱动电机控制器根据旋变器检测驱动电机的角度位置、转速和方向。如图 4-2-11 所示，旋变器包含一个励磁线圈（线圈 C）、两个驱动线圈（正弦 +S、余弦 -S）和一个不规则形状的金属转子。金属转子以机械方式固定在驱动电机轴上。当点火开关置于 ON 位置时，驱动电机控制器输出一个 5V 交流电、一定频率的励磁信号至驱动线圈。驱动线圈励磁信号生成一个环绕两个从动线圈和不规则形状转子的磁场。然后驱动电机控制器监测两个从动线圈电路，以获得一个返回信号。不规则形状金属转子的位置引起从动线圈的磁感应返回信号发生大小和形状的变化。通过比较两个从动线圈信号，驱动电机控制器能确定驱动电机的确切角度、转速和方向。

图 4-2-10　旋转变压器（角度传感器）安装位置及结构

图 4-2-11　旋变器结构示意图及信号波形

旋变传感器的线束插接器如图 4-2-12 所示。线圈测试规格如下：

图 4-2-12　旋变传感器的线束插接器

正弦阻值：16Ω；余弦阻值：16Ω；励磁阻值：8Ω；误差：1Ω。

（2）比亚迪秦驱动电机控制器的结构

1）安装位置及控制功能：比亚迪秦驱动电机控制器与 DC/DC 变换器集成一体，安装位置如图 4-2-13 所示。

图 4-2-13 比亚迪秦驱动电机控制器与 DC/DC 变换器总成位置图

驱动电机控制器的控制功能如下：

a. 作为动力系统的总控中心，驱动电机的运行，根据工况控制电机的正反转、功率、扭矩、转速等；协调发动机管理系统工作；

b. 硬件采集（直接通过传感器）驱动电机的旋变器、温度、制动、加速踏板开关信号；

c. 通过 CAN 通信采集制动踏板位置、档位信号、驻车开关信号、启动信号、BMS 相关数据、整车控制器 VCU 的故障信息；

d. 内部处理的信号有直流侧高压电压值、交流侧三相电流值、IGBT 温度值、驱动电机的三相绕组阻值。

2）结构：比亚迪秦驱动电机控制器与 DC/DC 变换器总成结构如图 4-2-14 所示。

图 4-2-14　比亚迪秦驱动电机控制器与 DC/DC 变换器总成结构

二、驱动电机控制器如何进行故障检测？

1. 驱动电机控制器自检

驱动电机控制器在控制驱动电机运转的同时，还会对驱动电机、相关的传感器以及自身控制模块进行实时自检。

(1) 驱动电机控制器供电和软件检测

1) 供电检测：驱动电机控制器需要接受来自低压蓄电池的12V参考电源，当连接的参考电源电压过低或过高时，驱动电机控制器将会实行自我关闭，并对外输出诊断故障码。

2) 内部软件检测：驱动电机控制器内部包括驱动电机控制单元、逆变器控制单元等，这些部件都有集成电路及CPU，在正常运行过程中，系统会进行自我读、写存储器的能力监测，这属于驱动电机控制器的内部故障检测，一般不能进行故障维修处理，只能重新编程或更换。

(2) IGBT性能检测

驱动电机控制器会根据整车控制器VCU的指令，控制IGBT的接通和断开，从而来实现驱动电机的输出或作为发电机工作。在对驱动电机逆变的过程中，通过顺序启动IGBT的高电流开关晶体管，控制其相应的驱动电机或发电机的速度、方向和输出扭矩。同时，驱动电机控制器会检测每个IGBT的故障情况，当发现相应故障后，会关闭逆变器功能。

(3) 驱动电机U-V-W相电流检测

由于驱动电机或发电机使用三相交流电运行，且IGBT通常会对应控制驱动电机或发电机的其中一个相，各相分别标识为U、V、W。驱动电机控制器通过监测连接到各驱动电机或发电机相的电流传感器，以便检测逆变器是否存在电流过大故障。

大多数电流传感器是驱动电机控制器总成内部的一部分，无法单独维修。

另外，由于所有的驱动电机或发电机相电路是通过电气方式连接的，其电流总量应相同。驱动电机控制器执行一次计算，以确认相电流传感器的精确性。如果U-V-W相电流传感器的相电流总量大致相同，则计算结果应接近零。如果U-V-W相电流相差较大，则会认为是故障。

U-V-W三相应该不缺相，不漏电。驱动电机三相线圈绕组的电阻两两之间小于1Ω，并且分别与驱动电机壳体绝缘。

(4) 驱动电机温度检测

除了安装在驱动电机上的温度传感器外，在大多数的驱动电机控制器模块内部也会设置有温度传感器，用于检测连接驱动电机电缆的温度，以及模块自身集成电路的温度。与传统燃油汽车相同，温度传感器是一个负温度系数的热敏电阻，随着温度升高，电阻减小；随着温度降低，电阻增大。

驱动电机控制器向温度传感器提供一个5V参考电压信号，并测量电路中的电压降。当被检测的电缆或集成电路温度低时，温度传感器电阻变大，驱动电机控制器模块检测到高电平信号电压。当温度升高时，温度传感器电阻减小，信号电压也降低。当驱动电机控制器检测到温度异常时，会输出故障码，并根据故障情况采取限速甚至停止驱动电机工作等措施。

(5) 驱动电机位置的检测

驱动电机控制器根据旋转变压器型位置传感器信号,监测驱动电机转子的角度位置、转速和方向。

当驱动电机控制器检测到驱动电机位置异常时,会输出故障码,并根据故障情况采取限速甚至停止驱动电机工作等措施。

(6) 驱动电机控制器高压绝缘检测

驱动电机控制器利用内部的电压传感器检测来自动力蓄电池的高压。

驱动电机控制器测试高压正极电路或高压负极电路和车辆底盘之间是否存在失去隔离的情况,当检测到驱动电机控制器或者相关电路在动力蓄电池输出高压后,存在对车辆底盘的电阻过低情况,系统将会将这一情况反馈给整车控制器 VCU,并与 VCU 一起切断车辆的高压,避免发生触电事故。

2. 驱动电机控制器的检测方法

驱动电机控制器发生故障时,可以利用故障检测仪器或车载电脑进行检测,包括故障码读取及数据流分析。故障诊断仪器操作时请参阅对应厂家诊断仪器的操作说明书。

如图 4-2-15 所示是上汽荣威 e50 驱动电机控制器数据流。从图 4-2-15 中可以看出动力驱动电机其他相关参数数据流,如:驱动电机的三个相位 U-V-W 电流值,驱动电机温度等,维修技师可以与维修手册相关的参考值进行对比,以判断驱动电机的工作运行状态。

如图 4-2-16 所示是众泰纯电动汽车从车载电脑读取的驱动电机控制器数据流。

图 4-2-15 上汽荣威 e50 驱动电机控制器数据流读取

图 4-2-16 众泰纯电动汽车驱动电机控制器数据流读取

第五章
新能源汽车充电系统与辅助系统检修

新能源汽车由于动力系统的改变,其他辅助系统也相应的做了改变。

本章主要介绍新能源汽车充电系统及低压电源系统、空调系统,以及其他辅助系统的结构原理和检修方法。

本章包括2个单元:
①新能源汽车充电系统结构原理与检修;
②新能源汽车辅助系统结构原理与检修。

通过以上2个单元的学习,你将掌握新能源汽车充电系统及其他辅助系统结构原理和检修方法。

第一节　新能源汽车充电系统结构原理与检修

一辆纯电动汽车无法进行充电，你的主管让你检查并确认故障原因，你能完成这个任务吗？

一、新能源汽车充电系统由哪些结构组成？

1. 新能源汽车充电系统的组成

新能源汽车充电系统包括充电桩（含充电枪）、充电口（交直流）、车载充电器（也称充电机）、高压配电箱（即高压配电盒 BDU）、动力蓄电池（含动力蓄电池管理系统 BMS）以及各种高压电缆和低压控制线束等组成。如图 5-1-1 是比亚迪 e6 充电系统组成部件安装位置示意图。

图 5-1-1　比亚迪 e6 充电系统组成部件的安装位置

以交流慢充充电方式为例，如图 5-1-2 所示，充电电流（交流）通过充电桩→充电电缆（含充电枪）→充电线束（含车辆的充电口）→车载充电器→高压配电盒（BDU）→动力蓄电池，完成慢充充电过程。对于 12V 低压蓄电池的充电，是由动力蓄电池直流高电压经高压配电盒、DC/DC 变换器完成的。

交流慢充充电方式必须通过车载充电器进行，直流快充则不经过车载充电器直接为动力蓄电池充电。

图 5-1-2　交流慢充充电过程示意图

2. 充电口

（1）充电口的组成与功能

充电口也称充电接口或充电插口，是指用于连接活动的充电电缆和电动汽车的充电部件，主要由充电插座与充电插头两部分组成，如图 5-1-3 所示。国家标准 GB/T 20234.2—2015《电动汽车传导充电用连接装置　第 2 部分：交流充电接口》和 GB/T 20234.3—2015《电动汽车传导充电用连接装置　第 3 部分：直流充电接口》分别规定了交流与直流充电接口的标准，交流充电接口采用的是七针的设计，直流充电接口采用的九针的设计。

除了充电连接功能外，有些电动汽车（如比亚迪）的充电口具有锁止功能和放电功能。

1）锁止功能：当交流充电电流大于 16A 时，供电接口和车辆接口应具有锁止功能。供电插座和车辆插座应安装电子锁止装置，防止充电过程中的意外断开；当电子锁未可靠锁止时，供电设备或电动汽车应停止充电或不启动充电。如图 5-1-4 是电子锁外形示意图。

图 5-1-3　充电口的组成

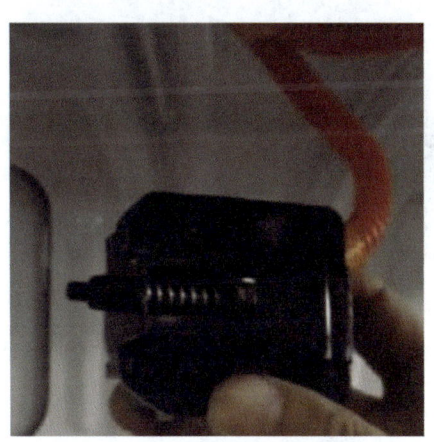

图 5-1-4　电子锁外形示意图

当直流充电时，车辆充电接口应具有锁止功能。车辆插头端应安装机械锁止装置，供电设备应能判断机械锁是否可靠锁止。车辆插头应安装电子锁止装置，电子锁处于锁止位置时，机械锁应无法操作，供电设备应能判断电子锁是否可靠锁止。当机械锁或电子锁未可靠锁止时，供电设备应停止充电或不启动充电。如图 5-1-5 是充电口锁止功能示意图。

图 5-1-5　充电口锁止功能示意图

电子锁开启的条件如下：
a. 仪表设置启用电子锁（如图 5-1-6）。
b. 插上充电枪。
c. 闭锁车门或充电启动中。

2）放电功能：比亚迪的大部分车型可以利用充电口对外放电，为车外其他的用电设备供电。如图 5-1-7 所示是比亚迪 EV 车型对外放电的操作，在点火开关 OFF 档时，按"放电"按键即可对外放电。

图 5-1-6　比亚迪仪表的电子锁启用与关闭设置

图 5-1-7　比亚迪 EV 车型对外放电

如图 5-1-8 所示是比亚迪 DM 车型无需设置即可直接为功率不大于 3kW 的家用电器供电。

图 5-1-8
比亚迪 DM 车型直接为家用电器供电

其他车型可以通过仪表设置等方式对外放电,请参阅相关车型使用说明书及技术资料。

(2) 充电口的位置

充电口包括交流(慢充)口和直流(快充)口,通常位于电动汽车的侧后方(即传统燃油车型油箱盖位置)和前部车标的位置。

北汽新能源纯电动汽车充电口位置,在传统燃油汽车油箱盖的位置是慢充充电口(图5-1-9);车辆正前方车标的位置是快充充电口(图5-1-10)。

图5-1-9　北汽新能源慢充充电口位置图　　5-1-10　北汽新能源快充充电口位置

如图5-1-11是比亚迪e6纯电动汽车充电口位置,位于左侧的是快充充电口(图中正在充电的接口),右侧是慢充充电口。

如图5-1-12所示,比亚迪e5纯电动汽车充电口位置隐藏在中央格栅车标的后面,充电口有照明灯,打开充电口盖拉锁后点亮。

图5-1-11　比亚迪e6纯电动汽车充电口位置　　图5-1-12　比亚迪e5纯电动汽车充电口及充电口盖拉锁位置

(3) 充电口的端子说明

1) 慢充充电口:如图5-1-13是慢充充电口车辆端(插座)的实物图,分为单相和三相两种类型。

图 5-1-13 慢充充电口车辆端（插座）的实物图

慢充（交流）充电口各端子的定义说明如图 5-1-14 所示。

图 5-1-14 慢充（交流）充电口各端子的定义说明

CC 端子：为充电连接确认端子，规格：0~30V 2A。

车辆充电系统通过 CC 与 PE（车身地）之间的电阻来判断充电枪插头是否与车辆插座完全连接，并根据电阻值确认充电枪的功率。

CC 与 PE 之间的电阻值对应充电枪功率见表 5-1-1 所示（以比亚迪车型为例）。

表 5-1-1 CC 与 PE 之间的电阻值对应充电枪功率表

充电枪（充电器）功率	CC 与 PE 之间的电阻值
3.3kW 及以下	680Ω
7kW	220Ω
40kW	100Ω
VTOL（预留）	2KΩ
VTOV（预留）	100Ω

CP 端子：为充电控制确认端子，规格：0~30V 2A。
车辆充电系统通过 CP 的 PWM（脉冲）占空比信号确认当前供电设备支持的最大充电电流。
L 端子：为交流电源（单相、三相），规格：单相 250V 10A 16A 32A；三相 440V 16A 32A 63A。
NC1（L2）端子：为交流电源（三相），规格：三相 440V 16A 32A 63A。
NC2（L3）端子：为交流电源（三相），规格：三相 440V 16A 32A 63A。
N 端子：为中线（单相、三相），规格：单相 250V 10A 16A 32A；三相 440V 16A 32A 63A。
PE 端子：为保护接地（搭铁）线。

提示：
当出现慢充无法充电时，进行以下故障判定。

车载充电器故障判定：
CP 与 PE 之间的电阻应在 0.7~0.8MΩ 之间，如果测量电阻为 2.7kΩ，说明车载充电器内部二极管可能损坏。

交流充电枪故障判定：
CC 与 PE 之间的电阻在锁止开关按下时应是 480Ω，开关弹起时 150Ω，否则充电枪故障。

2）快充充电口：如图 5-1-15 是快充充电口车辆端（插座）的实物图。

图 5-1-15 快充充电口车辆端（插座）的实物图

快充（直流）充电口各端子的定义说明如图 5-1-16 所示。

DC+端子：为直流电源正，规格：750/1000V、80A/125A/200A/250A。

DC-端子：为直流电源负，规格：750/1000V、80A/125A/200A/250A。

S+端子：为充电通信 CAN-H，规格：0~30V 2A。

S-端子：为充电通信 CAN-L，规格：0~30V 2A。

CC1 端子：为充电确认线，充电柜确认充电枪是否插好（充电口端与车身地 1000±30Ω）。规格：0~30V 2A。

CC2 端子：为充电确认线，电动汽车确认充电枪是否插好（充电口端与车身地 1000±30Ω）。规格：

图 5-1-16 快充（直流）充电口各端子的定义说明

0～30V 2A。

A+端子：为低压辅助电源正，规格：0～30V 2A。

A-端子：为低压辅助电源负，规格：0～30V 2A。

PE端子：为保护接地（搭铁）线。

3. 车载充电器

车载充电器（On-Board Charger，也称车载充电机，简称OBC）。车载充电器是充电系统的重要组成部件，慢充（交流）充电必须经过车载充电器完成。

（1）车载充电器的安装位置

如图5-1-17所示，北汽新能源E150EV纯电动汽车的车载充电器安装在前机舱。

图5-1-17 北汽新能源E150EV纯电动汽车的车载充电器安装位置

如图5-1-18所示，比亚迪e6车载充电器位于车辆后部。

目前常见新能源新车型，大部分将车载充电器与其他部件集成一体。如图5-1-19所示，北汽新能源的EV160/EV200等新款车型，将车载充电器、DC/DC变换器、高压配电盒集成为一体（称PDU或PEU）。如图5-1-20所示，比亚迪e5纯电动汽车"四合一"高压电控总成集成了车载充电器的功能（位于下层）。

图5-1-18 比亚迪e6纯电动汽车车载充电器安装位置

图5-1-19 北汽新能源的PDU集成了车载充电器功能

图 5-1-20 比亚迪 e5 纯电动汽车"四合一"高压电控总成集成了车载充电器的功能（位于下层）

（2）车载充电器的功能

车载充电器具备如下的功能：

1）车载充电器将慢充充电口输入的 220V 交流电转换成直流电输出，为动力蓄电池充电。

2）车载充电器工作过程需要与充电桩、BMS、VCU 等部件进行通信。

3）车载充电器根据动力蓄电池需求可调节充电输出功率。

4）软关断功能。为了保证电源切断时，避免立即断电对电器造成大电压的冲击，软关断控制器给高压负载一个卸载时间。在点火开关从 ON 档关闭时，高压电源会延迟 3s 断电。

（3）车载充电器的线束端子功能

如图 5-1-21 是比亚迪 e6 车载充电器的线束功能图。

如图 5-1-22 是比亚迪 e6 车载充电器接线端子功能图。

图 5-1-21 比亚迪 e6 车载充电器的线束功能图

图 5-1-22 比亚迪 e6 车载充电器接线端子功能图

（4）车载充电器技术参数

比亚迪 e6 车载充电器的技术参数如表 5-1-2 所示。

表 5-1-2 比亚迪 e6 车载充电器技术参数表

项目	参数	备注
输入电压	AC 220V	
输入电流	交流额定 14A	满功率充电：使用 16A 以上充电桩或类似设备
高压输出	DC 200~400V	给高压动力蓄电池充电
低压输出	DC 12V	给低压蓄电池充电

北汽新能源 EV 系列车载充电器的技术参数如表 5-1-3 所示。

表 5-1-3 北汽新能源 EV 系列车载充电器的技术参数表

项目	参数	备注
输入电压	AC 220V	
输出电压	DC 240~410V	
功率	3.3kW	
输入电流	12A	
输出电流	8A	

二、新能源汽车充电系统是如何工作的？

要进行新能源汽车充电系统的检修，必须先掌握其工作原理。以北汽新能源纯电动汽车为例，介绍充电系统的工作原理，其他车型可以参考。

1. 充电系统工作条件要求

动力蓄电池的充电过程由动力蓄电池管理系统 BMS 进行控制及保护。车载充电器工作状态及指令均由 BMS 发出的指令进行控制，包括工作模式指令、动力蓄电池允许最大电压、充电允许最大电流、加热状态电流值。

快充和慢充流程均为：采用恒流-恒压充电方法，在不同温度范围内，先以恒定电流充电至动力蓄电池组总电压达到或动力蓄电池单元最高电压达到此温度条件下规定电压值，再以恒定电压充电至电流小于 0.8A 后停止充电。

（1）慢充充电条件要求

慢充充电条件要求如下：
① 充电线连接确认信号正常；
② 车载充电器供电电源正常（含 220V 和 12V）及充电器工作正常；
③ 充电唤醒信号输出正常（12V）；
④ 车载充电器、VCU、BMS 之间通信正常（主继电器闭合、发送电流强度需求）；
⑤ 动力蓄电池单元温度 >0℃/ <45℃；
⑥ 动力蓄电池单元最高电压与最低电压差 <0.3V；
⑦ 动力蓄电池单元最高温度与最低温度差 <15℃；
⑧ 绝缘性能 >20MΩ；
⑨ 实际动力蓄电池单元最高电压不高于额定动力蓄电池单元电压 0.4V；
⑩ 高、低压电路连接正常。

北汽新能源慢充充电温度与充电电流要求（车载充电器模式下充电要求）见表 5-1-4。

表 5-1-4　北汽新能源慢充充电温度与充电电流要求

温度	<0℃	0~55℃	>55℃
可充电电流	0A	10A	0A
备注		当动力蓄电池单元最高电压高于 3.6V 时，降低充电电流到 5A，当动力蓄电池单元电压达到 3.70V 时，充电电流为 0A，请求停止充电	

（2）快充充电条件要求

快充充电条件要求如下：
① 充电线连接确认信号正常；
② BMS 供电电源正常（12V）；
③ 充电唤醒信号输出正常（12V）；
④ 充电桩、VCU、BMS 之间通信正常（主继电器闭合、发送电流强度需求）；
⑤ 动力蓄电池单元温度 >5℃/ <45℃；
⑥ 动力蓄电池单元最高电压与最低电压差 <0.3V；
⑦ 动力蓄电池单元最高温度与最低温度差 <15℃；
⑧ 绝缘性能 >20MΩ；
⑨ 实际动力蓄电池单元最高电压不大于额定动力蓄电池单元电压 0.4V；
⑩ 高、低压电路连接正常。

快充采用地面专用的直流充电桩充电，北汽新能源快充充电温度与充电电流要求见表 5-1-5。

表 5-1-5　北汽新能源快充充电温度与充电电流要求

温度	<5℃	5~15℃	5~45℃	>45℃
可充电电流	0A	20A	50A	0A
备注	恒流充电至额定电压343V/动力蓄电池单元电压3.5V以后转为恒压充电方式			

2. 充电系统控制原理

（1）慢充模式

如图 5-1-23 所示，在慢充模式下，充电系统由供电设备（充电桩）、慢充充电口、车载充电机（充电器）、高压配电盒 BDU、动力蓄电池（含 BMS）、整车控制器 VCU、高压电缆和低压控制线束等组成。

图 5-1-23　慢充模式充电系统结构原理图

充电枪连接通过车载充电机（充电器）反馈到整车控制器，再唤醒仪表显示连接状态（负触发）；车载充电机同时唤醒整车控制器和动力蓄电池管理系统 BMS（正触发），整车控制器唤醒仪表启动显示充电状态（负触发）；正、负主继电器由整车控制器发出指令，由动力蓄电池管理系统 BMS 控制闭合。慢充的具体控制过程见表 5-1-6 和图 5-1-24。

表 5-1-6　慢充控制过程表

车载充电器	动力蓄电池及 BMS	VCU、仪表及数据采集终端
220V 交流上电	待机	待机
12V 低压电源供电等待指令	检测充电需求，充电唤醒	唤醒
接收指令并执行加热流程	BMS 检测动力蓄电池状态并发送加热指令	唤醒
接收指令并停止工作	BMS 监控动力蓄电池温度并发送停止指令	唤醒
接收指令并执行充电流程	BMS 待充电器反馈后发送充电指令，并闭合继电器	唤醒
接收指令并停止工作	BMS 监控动力蓄电池状态并发送完成指令，动力蓄电池断开继电器	唤醒
完成后 1min 控制充电桩结算	待机	待机

新能源汽车充电系统与辅助系统检修

图 5-1-24 慢充模式充电控制过程

（2）快充模式

如图 5-1-25 所示，在快充模式下，充电系统主要由充电桩（直流快充桩）、快充充电口、高压配电盒 BDU、动力蓄电池（含 BMS）、整车控制器 VCU、高压电缆和低压控制线束等组成。

图 5-1-25 快充模式充电系统结构原理图

整车控制器是快速充电功能的主控模块。将充电枪由充电桩连接至车辆快充充电口以后，整车控制器通过 CC 线判断快充充电口已经正确连接，并启用唤醒线路唤醒车辆内部充电系统电路及部件。整车控制器通过输出高压接触器接通指令至高压配电盒，实现直流快充桩与动力蓄电池之间高压电路的接通。接通并实现充电时，整车控制器向仪表输出正在充电显示信息。

三、新能源汽车充电系统有哪些常见故障？

1. 充电系统指示灯

以北汽新能源纯电动汽车为例，仪表充电系统相关的指示灯如表 5-1-7 所示。

表 5-1-7 仪表充电系统指示灯说明

序号	显示	名称	指示说明
1		充电线连接指示灯	点亮表示充电线连接。信号来源是 VCU 给出的硬线信号
2		充电提醒灯	电量过低时点亮，信号来自 VCU 的 CAN 信号
3		剩余电量表	当前 SOC 范围 / 剩余电量表 LED 点亮数目 SOC > 82% / 5 82% ≥ SOC > 62% / 4 62% ≥ SOC > 42% / 3 42% ≥ SOC > 22% / 2 22% ≥ SOC > 5% / 1 SOC < 5% / 0

2. 车载充电器常见的故障与检修

车载充电器故障信息将通过 CAN 总线报至总线各模块（BMS、VCU）上，通过诊断仪器可以读出的故障信息。

车载充电器常见的故障如下：

（1）12V 低压电源供电异常

当车载充电器 12V 电源异常时，BMS、仪表没有唤醒信号唤醒，无法与充电器进行通信。

当 12V 电源未上电，最简单的判断方式就是交流上电的时候，动力蓄电池没有发出继电器闭合声音，一般都是 12V 电源异常。需要检查低压熔丝盒内充电唤醒的熔丝及继电器，以及充电器端子是否出现退针的情况。

（2）车载充电器检测的动力蓄电池电压不满足要求

车载充电器工作开始前需要检测动力蓄电池电压，当动力蓄电池电压在工作范围内，车载充电器可以正常工作，否则车载充电器认为动力蓄电池不满足充电的要求。如果在充电过程中 BMS 可以正常工作，此情况常见的为高压插接件端子退针或高压熔丝熔断，或者动力蓄电池电压超过工作范围。

（3）车载充电器检测与充电桩通信不正常

车载充电器工作过程中会检测与充电桩之间的通信信号，当判断到 CC 开关断开，车载充电器认为此时将要拔掉充电枪，会停止工作，防止带电插拔，从而提升充电枪端子寿命。如果充电枪没有连接到位，可能出现此情况。

(4) 充电桩输入电压正常，由于施工时电源线不符合标准所引起的无法充电故障

车辆在低温环境下，充电桩开始时与车载充电器连接正常，由于车辆动力蓄电池低温下需加热至 $0\sim5℃$ 时，才能进行正常充电。加热过程时，负载较小，电压下降并不多，进入充电过程时，负载加大，输入电压下降。充电桩为车载充电器提供的电源电压低于 187V 时，车载充电器无法正常工作，车载充电器停止工作后，负载减小，测量时电压又恢复正常，这种情况一定要在车载充电器进入充电过程时测量当时准确电压，来找到故障所在。

另外，外接的充电电源接地线线路不良，是造成新能源汽车无法充电的常见原因。

3. 慢充常见的故障与检修

以北汽新能源纯电动汽车为例，介绍慢充常见的故障诊断与排除方法。

(1) 车辆无法充电

故障现象：

车辆在使用充电桩充电时，充电桩指示灯亮，车载充电器工作指示灯点亮，车辆出现无法充电现象。

可能原因：

动力蓄电池管理系统 BMS 故障、动力蓄电池故障、通信故障。

故障诊断与排除：

根据上述故障现象充电桩和车载充电器工作指示灯正常，第一个检查对象应该放在通信和动力蓄电池内部。用故障检测仪检测故障码及数据流，读出故障码：P1048（SOC 过低保护故障）、P1040（动力蓄电池单元电压欠压故障）、P1046（动力蓄电池电压不均衡保护故障）、P0275（动力蓄电池电压不均衡保护故障）；读出数据流：动力蓄电池单元最低电压为 2.56V、动力蓄电池单元最高电压为 3.2V，动力蓄电池单元电压差大于 500mV 时动力蓄电池管理系统（BMS）启动充、放电保护而无法充电，经过更换发生故障的动力蓄电池单元，动力蓄电池故障解除，车辆恢复充电。

故障分析：

通过以上故障诊断与排除过程，动力蓄电池具备充电的条件总结如下：

- 充电桩与车载充电器通信正常。
- 车载充电器能够正常工作。
- 整车控制器与车载充电器、动力蓄电池管理系统 BMS 通信正常。
- 唤醒信号正常。
- 整车控制器和动力蓄电池管理系统 BMS 的信号正常。
- 动力蓄电池单元之间电压差 <500mV。
- 高压电路无绝缘故障。
- 动力蓄电池内部温度在充电的温度允许范围内。

(2) 充电时充电桩跳闸

故障现象：

车辆在使用充电桩充电时、出现充电桩跳闸，车辆无法充电。

可能原因：

车载充电器内部短路。

故障诊断与排除：

检查了充电桩交流 220V 电压、充电桩 CP 线与车载充电器连接正常，再检查充电线束、高压电缆、车载充电器、动力蓄电池的绝缘均正常，更换车载充电器，故障排除。

故障分析：

此车的故障现象是充电桩跳闸，说明唤醒信号和互锁电路正常；基本可以断定是车载充电器内部短路故障。

（3）车载充电器指示灯不亮

故障现象：

车辆在使用充电桩充电时，车载充电器指示灯不亮，车辆无法充电。

可能原因：

车载充电器内部故障、充电唤醒信号中断或互锁电路故障。

故障诊断与排除：

检查低压熔丝盒内的动力蓄电池充电熔丝正常，用万用表测量车载充电器 12V 低压电源正常，再检查充电系统连接插件无退针、锈蚀现象，更换车载充电器故障排除。

故障分析：

经检查车载充电器低压供电正常，而充电工作指示灯都不亮，可确定为充电器内部故障。

4. 快充常见的故障与检修

（1）充电桩显示车辆未连接

检修方法如下：

- 检查快充充电口 CC1 端与 PE 端是否有 1000Ω 电阻。
- 检查快充充电口导电层是否脱落。
- 检查充电枪 CC2 与 PE 是否导通。

（2）动力蓄电池继电器未闭合

检修方法如下：

- 检查充电桩输出正极唤醒信号是否正常。
- 检查充电桩输出负极唤醒信号与 PE 是否导通。
- 检查充电桩 CAN 通信是否正常。

（3）动力蓄电池继电器正常闭合，但无输出电流

检修方法如下：

- 检查充电桩与动力蓄电池 BMS 软件版本是否匹配。
- 检查高压插接器及电缆是否正确连接。
- 用诊断仪查看充电监控状态，确认充电相关的数据，如图 5-1-26 所示。

图 5-1-26　比亚迪 e6 车辆数据流充电监控状态表

（4）DC/DC 变换器不工作

检修方法如下：

- 检查高压插接器是否正常连接。
- 检查高压熔丝是否熔断。
- 检查使能信号输入是否正常（12V）。

第二节　新能源汽车辅助系统结构原理与检修

除了动力驱动系统外，新能源汽车在低压电源、暖风与空调、制动、转向等辅助系统与传统燃油汽车有所区别，如果这些系统出了故障，你能进行检修吗？

一、新能源汽车低压电源系统和传统燃油汽车有什么区别？

1. 新能源汽车低压电源系统与传统燃油汽车的区别

传统燃油汽车的电源是蓄电池和发电机，发动机未启动时或启动过程中由蓄电池供电，启动以后则由发电机供电，同时为蓄电池充电。

新能源汽车低压电源供给是将动力蓄电池的高压电源通过 DC/DC 变换器转变为 12V 低压电源，为车载 12V 蓄电池和车身电器部件提供工作电源；常规车身电器部件包括控制模块、灯光、中控门锁、车载信息娱乐系统、电动门窗等。

传统燃油汽车当发动机转速低时，如果同时使用空调、音响及车灯等，有时会出现"蓄电池的电压过低"。即使发动机仍在运行，如果用电器全开也会出现电力不足现象。而混合动力汽车和纯电动汽车使用动力蓄电池和 DC/DC 变换器，就不会出现这种情况。

如图 5-2-1 所示是纯电动汽车 DC/DC 变换器为蓄电池充

图 5-2-1　纯电动汽车 DC/DC 变换器为蓄电池充电示意图

电示意图，图 5-2-2 是混合动力汽车 DC/DC 变换器为蓄电池充电示意图。

图 5-2-2　混合动力汽车 DC/DC 变换器为蓄电池充电示意图

纯电动汽车以容量很大的动力蓄电池为电源，能够利用 DC/DC 变换器为低压蓄电池充电，从而可以省去原来的交流发电机。

大部分混合动力汽车的发动机保留了发电机，低压电器系统由 12V 蓄电池、DC/DC 变换器和发电机三个电源共同提供，如图 5-2-3 所示是比亚迪秦混合动力汽车的低压电源系统。

图 5-2-3　比亚迪秦混合动力汽车的低压电源系统
（REPS—齿条驱动式电动助力转向系统　EPB—电子驻车制动系统）

2. 低压电源系统的结构组成

以下介绍新能源汽车低压电源系统的结构组成。

（1）低压蓄电池

1）新能源汽车保留低压蓄电池的原因：纯电动汽车和混合动力汽车理论上也可以省去低压蓄电池，但实际上还是保留了低压蓄电池。这样做有两个主要原因：

一是保留低压蓄电池更能够降低车辆的成本。低压蓄电池能在短时间内向控制模块、刮水器及灯光等车身电器释放大电流。如果省去低压蓄电池而将高压动力蓄电池的电力用于车身电器，DC/DC 变换器的尺寸就要增大，从而使整体成本增加。低压蓄电池价格便宜，因此目前将低压蓄电池取消还没有成本上的优势。

二是确保电源的冗余度。低压蓄电池还具有确保向辅助类电器供电的冗余度的作用。DC/DC 变换器出现故障停止供电时，如果没有低压蓄电池，辅助类电器就会立即停止运行。如夜间车灯不亮，雨天刮水器停止运行等，就会影响驾驶。如果有低压蓄电池，便能够将汽车开到家里或者就近的维修厂。

2）新能源汽车低压蓄电池的特点：纯电动汽车的 12V 低压蓄电池不需要给起动机提供启动时的大电流，容量可以变小。混合动力汽车低压蓄电池结构和类型也与传统燃油汽车有所区别。比亚迪秦 12V 低压蓄电池与传统燃油汽车的区别是：

a. 用于发动机的启动正极与其他用电器的供电正极分开了。

b. 低压蓄电池内部具有智能低压蓄电池管理系统（也称为低压 BMS），用于对低压蓄电池进行智能控制。例如低压蓄电池电压低时，关闭多媒体系统的电源。

如图 5-2-4 所示是比亚迪秦 12V 低压蓄电池的外形，图 5-2-5 是比亚迪秦 12V 低压蓄电池的注意事项说明，图 5-2-6 是 BMS 功能之一，当 12V 低压蓄电池电压低时，关闭多媒体系统。

图 5-2-4　比亚迪秦 12V 低压蓄电池的外形

图 5-2-5　比亚迪秦 12V 低压蓄电池的注意事项说明

图 5-2-6　BMS 在 12V 蓄电池电压低时关闭多媒体

(2) DC/DC 变换器

以下介绍常见新能源车型 DC/DC 变换器的功能和结构特点。

1) 北汽新能源汽车 DC/DC 变换器：北汽新能源纯电动汽车的 DC/DC 变换器除了早期的 E150EV 独立安装外，其他大部分车型集成在 PDU 内部。如图 5-2-7 所示，整车控制器 VCU 通过使能（即提供 12V 低压电源）控制 DC/DC 变换器工作，将动力蓄电池直流高压转换成 12V 低压电源提供整车低压电气系统用电。VCU 同时监控 DC/DC 变换器是否存在故障。

图 5-2-7 北汽新能源低压电源系统控制方式

北汽新能源纯电动汽车 DC/DC 变换器技术参数见表 5-2-1 所示，结构和接线端子如图 5-2-8 所示。

表 5-2-1 北汽新能源纯电动汽车 DC/DC 变换器技术参数表

项目	参数
输入电压	DC 240～410V
输出电压	DC 14V
效率	峰值 >88%
冷却方式	风冷
防护等级	IP67

图 5-2-8 北汽新能源 DC/DC 变换器结构和接线端子

2）比亚迪 e6 DC/DC 变换器：比亚迪 e6 的 DC/DC 变换器安装在前机舱内，与空调驱动器集成一体，即同时为空调压缩机和暖风 PTC 加热器提供高压电源。DC/DC 变换器在主接触器吸合时工作，将动力蓄电池 318V 的高压电转换成 12V 低压电，供给整车用电器（包括电动助力转向系统 EHPS 电机）工作，并且在低压蓄电池亏电时给低压蓄电池充电。

比亚迪 e6 的 DC/DC 变换器位置与接口连接关系如图 5-2-9 所示。

图 5-2-9 比亚迪 e6 DC/DC 变换器接口连接关系

3）比亚迪秦 DC/DC 变换器：比亚迪秦混合动力汽车 DC/DC 变换器与驱动电机控制器集成在一起，接口端子连接关系如图 5-2-10 所示。

图 5-2-10 比亚迪秦 DC/DC 变换器（与驱动电机控制器一体）接口端子接线关系

比亚迪秦 DC/DC 变换器的功能如下（图 5-2-11）：

图 5-2-11 比亚迪秦 DC/DC 变换器系统框图

a. 纯电模式下，DC/DC 变换器的功能替代了传统燃油汽车的发电机，和 12V 低压蓄电池并联给各用电器提供低压电源。DC/DC 变换器在动力蓄电池的高压直流输入端接触器吸合后便开始工作，输出的额定电压为 13.5V。

b. 充电模式下，燃油发动机运转带动发电机发出 13.5V 直流电，经过 DC/DC 变换器升压转换为 500V 高压直流给动力蓄电池充电。

从电压升降的角度，DC/DC 变换器具有降压和升压功能（图 5-2-12）。

a. 降压：将动力蓄电池 480V 的高压电转换成 12V 低压电。DC/DC 变换器在主高压接触吸合时工作，输出的 12V 低压电源供给整车用电器工作，并且在低压蓄电池亏电时给低压蓄电池充电。

b. 升压：当动力蓄电池电量不足时，DC/DC 变换器将发电机发出的电，供整车低压用电器用电后多余的量升压后给动力蓄电池充电及空调（AC）压缩机用电。

图 5-2-12 比亚迪秦动力蓄电池、DC/DC 变换器与用电器（空调）控制示意图

4）丰田混合动力汽车 DC/DC 变换器：丰田混合动力汽车的 DC/DC 变换器内置于变频器（驱动电机控制器）中。高压直流输入从一侧与内部控制线路连接，内部控制线路控制晶体管。12V 直流电的输出直接给低压蓄电池充电，在蓄电池短路时保护 DC/DC 变换器，DC/DC 变换器可以通过输出端子测量实际输出电压的一个回馈信号。

图 5-2-13 是变频器（含 DC/DC 变换器）位置图。丰田混合动力汽车 DC/DC 变换器工作过程如图 5-2-14 所示。HV 蓄电池的 288V 高压直流经 DC/DC 变换器转换成 12V 低压直流电为蓄电池充电；驱动电机/发电机（MG1/MG2）发电及制动能量回收的电能经变频器升压成 500V（根据车型有差异）直流高压，经可变电压系统也可为蓄电池充电。

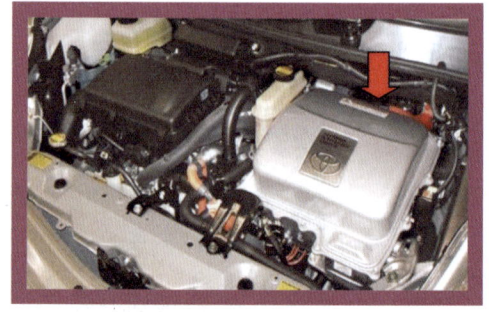

图 5-2-13 丰田混合动力汽车变频器（含 DC/DC 变换器）位置图

图 5-2-14 丰田混合动力汽车 DC/DC 变换器工作过程示意图

3. 低压电源系统常见故障与检修

以北汽新能源 EV 系列纯电动汽车为例，介绍低压电源系统常见故障与检修方法，其他类型的车辆请参照相关的维修手册或资料。

（1）12V 蓄电池故障

1）故障现象：如图 5-2-15 所示，点火开关置于 ON 位置，仪表显示蓄电池故障，系统故障灯点亮。

图 5-2-15
蓄电池报警

2）可能原因：蓄电池本身故障、DC/DC 变换器故障或 DC/DC 变换器与蓄电池连接电路故障。

3）检查与排除方法：

- 检查蓄电池电压值是否正常。
- 检查低压熔丝盒内 DC/DC 变换器的熔丝是否正常。
- 检查 DC/DC 变换器电源正负极供电电路是否正常。
- 检查高压配电盒 BDU 对接高压电缆插接件的电路是否正常。
- 检查 DC/DC 变换器输出端的搭铁线负极插接件端子是否正常。

如果不正常，进行更换或检修。

4）故障分析：关于蓄电池故障主要有两个原因。

- 蓄电池本身故障导致储能下降；蓄电池的检测采用专用检测仪或高频放电计确定蓄电池性能。
- DC/DC 变换器系统故障无法为蓄电池充电。新能源汽车是利用动力蓄电池的高压直流电通过 DC/DC 变换器转换成低压直流电给其他低压电器供电，同时给蓄电池充电。当整车电器使用的功率大于 DC/DC 变换器输出功率时，蓄电池协助 DC/DC 变换器供电而满足电能的需求。

从以上检查过程可以看出低压电源系统检查的主要是 DC/DC 变换器本身是否能正常工作，其次检查高压直流电源输入和低压输出的电路。

（2）DC/DC 变换器故障

若 DC/DC 变换器发生故障，利用故障检测仪器读取整车控制器 VCU 等其他控制模块存储的 DTC（故障码），会读取到"P1792 DC/DC 变换器故障"和"P1796 DC/DC 变换器驱动通道对电源短路故障"等故障码，可能原因见表 5-2-2。

表 5-2-2　DC/DC 变换器故障码说明表

DTC	DTC 定义	DTC 检测条件	DTC	可能故障原因
P1792	DC/DC 变换器故障	点火开关 ON/START 位置	仪表蓄电池故障指示灯亮	DC/DC 变换器故障
P1796	DC/DC 变换器驱动通道对电源短路	点火开关 ON/START 位置	DC/DC 变换器连接线束短路	DC/DC 变换器线束与插接器故障

DC/DC 变换器快速检查诊断表见表 5-2-3 所示。

表 5-2-3　DC/DC 变换器快速检查诊断表

序号	检查步骤	检查结果		
0	初步检查	正常	有故障	操作方法
	检查熔丝是否熔断	检查第 1 步	熔丝熔断	更换熔丝
1	检查高压熔丝	正常	有故障	操作方法
	检查熔丝是否熔断	检查第 2 步	高压熔丝熔断	更换高压熔丝
2	检查继电器	正常	有故障	操作方法
	检查 DC/DC 变换器是否损坏	检查第 3 步	DC/DC 变换器损坏	更换 DC/DC 变换器
3	检查控制器（VCU）	正常	有故障	操作方法
	检查整车控制器（VCU）是否损坏	检查第 4 步	控制器（VCU）损坏	更换控制器（VCU）
4	检查 DC/DC 变换器电路	正常	有故障	操作方法
	检查 DC/DC 变换器供电是否正常	检查第 5 步	DC/DC 变换器短路或断路	维修供电线路
5	检查 DC/DC 变换器	正常	有故障	操作方法
	检查 DC/DC 变换器是否损坏	检查第 6 步	DC/DC 变换器损坏	更换 DC/DC 变换器
6	检查操作	正常	有故障	操作方法
	正确检修操作后，检查故障是否再出现	诊断结束	故障未消失	从其他症状查找故障原因

 二、新能源汽车暖风与空调系统和传统燃油汽车有什么区别？

1. 新能源汽车暖风系统结构原理与检修

纯电动汽车没有传统燃油汽车的燃油发动机，没有了稳定的热源。如果采用电器元件（如驱动电机）工作的热量来加热冷却液是远远不够的，无法给车内提供足够的热源。因此，纯电动汽车的暖风系统靠电加热器的热能来采暖。

(1) 暖风形成方式

纯电动汽车暖风系统的结构与传统燃油汽车类似，主要由鼓风机（空气净化风扇）、蒸发箱、蒸发箱温度传感器、热交换器（电加热器）和热交换器温度传感器组成，如图 5-2-16 所示。

纯电动汽车上采用的 PTC 加热器有加热空气和加热冷却液两种加热方式。

1) 加热空气方式：PTC 是正温度系数（Positive Temperature Coefficient）的英文缩写。PTC 加热器（图 5-2-17）采用热敏陶瓷元件，由若干单片组合后与波纹散热铝条经高温胶粘结成，具有热阻小、换热效率高的显著优点。PTC 加热器的最大特点在于其安全性，即遇风机故障堵转时，PTC 加热器因得不到充分散热，功率会自动急剧下降，此时加热器的表面温度维持限定温度（一般为 240℃ 左右），不会产生电热管类加热器表面的"发红"现象，防止事故的发生。

图 5-2-16 暖风系统的结构组成　　图 5-2-17 PTC 加热器

PTC 加热器的结构组成如图 5-2-18 所示。

a. 加热器：由 2 组电热阻丝并联组成，单独控制。

b. 温度传感器：检测加热器本体的温度，控制加热器导通和切断。

c. 熔断器：位于加热器底座，防止加热器失控发生火灾。

图 5-2-18　PTC 加热器结构示意图

北汽新能源 PTC 加热器参数如表 5-2-4 所示。

表 5-2-4 北汽新能源 PTC 加热器参数

项目	技术要求	试验条件
额定输入电压	随动力蓄电池电压	336V
额定功率	3500W	环境温度：25±1℃
功率偏差率	-10% ~ 10%	施加电压：384±1V DC 风速：4.5m/s
冷态最大起始电流	20A	环境温度：25±1℃ 施加电压：336±1V DC
单级冷态电阻	80 ~ 300Ω	在 25±1℃ 环境下，放置 >30min 后测量

北汽新能源 PTC 加热器的控制原理图如图 5-2-19 所示。

点火开关打开后，空调继电器为压缩机控制器、PTC 控制器提供电源。PTC 控制器根据来自空调面板（空调控制器）的暖风请求信号（CAN-H 和 CAN-L）以及温度传感器信号，控制 PTC 加热器工作。

图 5-2-19 北汽新能源 PTC 加热器的控制原理图

鼓风机吹出的空气将 PTC 加热器散发出的热量送到车厢内或风窗玻璃上，用以提高车厢内温度和除霜，如图 5-2-20 所示。

图 5-2-20　暖风形成方式图

2）加热冷却液方式：为保证在温度较低的情况下，给车内提供足够的热源，有些类型的纯电动汽车在冷却液循环系统（图 5-2-21）上安装一个 PTC 加热器（图 5-2-22）。PTC 加热器加热冷却液，使冷却液的温度达到合适的温度，通过暖风芯体给车内提供足够的热源。

图 5-2-21　暖风冷却液循环系统组成示意图　　　图 5-2-22　冷却液 PTC 加热器

为了控制合适的冷却液温度，PTC 加热器的工作状态如下：
a. 冷却液温度较低时的工作状态
如图 5-2-23 所示，加热丝导通。

图 5-2-23　冷却液 PTC 加热器工作状态

b. 冷却液温度较高时工作状态
如图 5-2-24 所示，加热丝断开。

图5-2-24 冷却液 PTC 加热器断开状态

比亚迪 e5 纯电动汽车采用独立的暖风水循环系统。图 5-2-25 是比亚迪 e5 的 PTC 加热器（比亚迪称"水加热模块"）和暖风储液罐。PTC 加热器额定功率为 6kW。图 5-2-26 是比亚迪 e5 暖风系统电动水泵，安装在电动压缩机上端。

图5-2-25 比亚迪 e5 暖风系统元件位置图

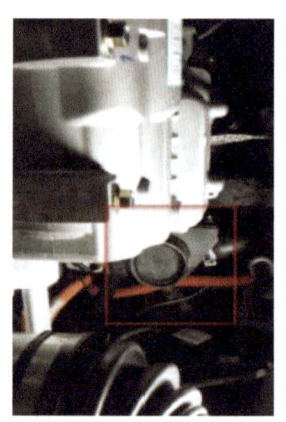

图5-2-26 比亚迪 e5 暖风系统电动水泵

（2）送风系统

纯电动汽车送风系统的结构组成与传统燃油汽车基本相同。

如图 5-2-27 所示，在鼓风机驱动下，新鲜空气通过蒸发箱和热交换器（PTC 加热器）形成冷风或暖风的风速，根据驾驶人的需求输送到指定风门。

（3）空调控制面板

大多数纯电动汽车的制冷、暖风开关设计都集中在一个控制面板上，这样不仅节省仪表台的空间而且有利于驾驶人来进行自主切换。北汽新能源汽车的空调控制面板按钮功能如图 5-2-28 所示。

图 5-2-27 新能源汽车送风系统组成

图 5-2-28 北汽新能源汽车的空调控制面板按钮功能

(4) 暖风系统检修

以比亚迪 e6 为例,介绍暖风系统检修方法。其他车型可参考相应的技术资料。

暖风系统常见的故障是不供暖或供暖不足,故障检修的流程如图 5-2-29 所示。

2. 新能源汽车制冷系统结构原理与检修

新能源汽车,特别是纯电动汽车的空调都采用电动方式驱动压缩机(图 5-2-30),这区别于传统燃油汽车通过内燃机曲轴传动带驱动形式。

(1) 新能源汽车空调制冷系统结构组成与控制原理

新能源汽车空调制冷系统的结构组成与传统燃油汽车相似,如图 5-2-31 所示。

图 5-2-29 暖风系统故障检修流程图

图 5-2-30 电动压缩机　　　图 5-2-31 空调制冷循环系统结构组成示意图

新能源汽车空调系统采用 R134a（如比亚迪 e6、北汽新能源）或 R410a（如比亚迪 e5）制冷剂，与传统燃油汽车基本相同。但由于采用电动空调压缩机，必须采用绝缘的冷冻油，不得混用。以比亚迪 e5 为例，R410a 冷媒加注量约 430g，POE 冷冻油加注量约 135ml。

新能源汽车的制冷剂工作特性与传统燃油汽车相同，即：高压液态散热，低压气态吸热，如图 5-2-32 所示。

图 5-2-32　新能源汽车制冷系统的工作特性

如图 5-2-33 所示是比亚迪 e6 纯电动汽车电动空调系统控制框图。空调控制器接收空调面板开关、各种相关传感器、冷媒压力开关信号,直接控制鼓风机及各风门电机动作,同时通过 CAN 信号,指令空调驱动器(与 DC/DC 变换器集成一起)驱动电动压缩机和 PTC 加热器,指令主控 ECU(整车控制器 VCU)控制电子风扇动作。

图 5-2-33　比亚迪 e6 纯电动汽车电动空调系统控制框图

如图 5-2-34 所示是比亚迪 e5 纯电动汽车电动空调系统控制框图。与 e6 的主要区别是:电动压缩机和 PTC 加热器的高压电源来自"四合一"高压电控总成;采用带空调(暖风)水泵和单独储液罐的独立水循环系统;采用膨胀阀、压力传感器(高压管路)、压力温度传感器(低压管路)等电子元件。

图 5-2-34 比亚迪 e5 纯电动汽车电动空调系统控制框图

以下介绍新能源汽车空调制冷系统的电动压缩机及典型部件,其他与传统燃油汽车相同的部件请参阅相关的技术资料。

(2) 电动压缩机

1) 电动压缩机结构:压缩机是汽车空调制冷装置的心脏,其作用是将低压低温的气态制冷剂压缩成高压高温的气态制冷剂,并推动制冷剂在系统中循环流动。

传统燃油汽车上的制冷压缩机由带轮通过发动机曲轴传动带带动。其转速只能被动的通过发动机转速来调节,空调系统无法主动对压缩机转速进行调节。而新能源汽车空调系统的压缩机为电动压缩机,由高压电驱动,转速可以由控制系统主动调节,调节范围在 0~4000r/min。这样保证了良好的制冷效果,同时也节省了电能。

新能源汽车上广泛应用电动涡旋式压缩机(以下简称电动压缩机)。电动压缩机采用螺旋式的压缩盘,结构如图 5-2-35 和图 5-2-36 所示。

图 5-2-35 电动压缩机的压缩盘　　图 5-2-36 电动压缩机的外部结构

2) 电动压缩机参数:比亚迪 e5 电动压缩机参数如下:
额定功率 2kW;系统工作时,高压压力 2.0~3.0MPa,低压压力 0.5~1MPa。
北汽新能源电动压缩机参数如下:
额定功率 2.4kW;系统工作时,高压压力 1.3~1.5MPa,低压压力 0.25~0.3MPa。
其他车型参照相应的技术资料。

3）电动压缩机控制电路：比亚迪 e6 电动压缩机的接线如图 5-2-37 所示，控制电路图如图 5-2-38 所示。电动压缩机由与 DC/DC 变换器集成一体的空调电机驱动器输出三相交流高压电驱动。

空调电机驱动器的作用是将动力蓄电池的高压直流电逆变成三相交流电，驱动空调压缩机，同时为 PTC 加热器提供高压直流电源。

图 5-2-37 比亚迪 e6 电动压缩机接线图

图 5-2-38 电动压缩机控制电路图

比亚迪 e5 电动压缩机的接线如图 5-2-39 所示，电动压缩机上有低压电源及 CAN 通信接口。电动压缩机驱动电源来自"四合一"的高压电控总成的后部，如图 5-2-40 所示。高压插接件带有高压互锁针脚。

图 5-2-39 比亚迪 e5 电动压缩机接线图

图 5-2-40 比亚迪 e5 高压电控总成后部

(3) 其他典型部件

空调制冷循环系统的需要调节制冷剂流量,以及监控系统的温度和压力参数。如图5-2-41所示是北汽新能源制冷循环系统示意图,与传统燃油汽车基本一致。

图5-2-41 北汽新能源制冷循环系统温度及压力参数

如图5-2-42是比亚迪e5制冷循环系统,除了电动压缩机外,还安装有膨胀阀、压力传感器、压力温度传感器等电子元件。

如图5-2-43是膨胀阀,由空调控制器驱动(低压电源),调节制冷剂流量。

图5-2-42 比亚迪e5制冷循环系统电子元件

图5-2-43 比亚迪e5膨胀阀

如图5-2-44是比亚迪e5压力传感器,位于高压管路上,向空调控制器发送高压系统压力信号。

如图5-2-45是比亚迪e5温度压力传感器,位于低压管路上,向空调控制器发送低压系统温度和压力信号。

图5-2-44 比亚迪e5压力传感器

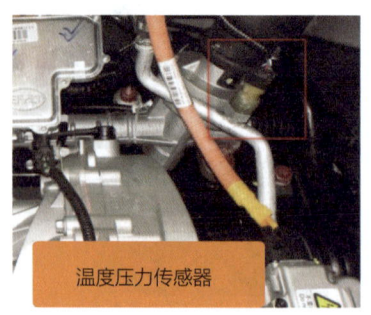

图5-2-45 比亚迪e5温度压力传感器

(4) 新能源汽车空调制冷系统常见故障与检修

以比亚迪 e6 纯电动汽车为例，介绍空调系统常见故障与检修方法，其他车型可以参考相应的技术资料。

1）空调系统的故障现象与可能发生部位对照表，比亚迪 e6 空调系统常见的故障及可能的故障部位如表 5-2-5 所示。

表 5-2-5 比亚迪 e6 空调系统故障现象对照表

故障症状	可能发生部位
制冷系统工作不正常（实际温度与设定温度有偏差，风速档位异常）	1. 各传感器 2. 前调速模块 3. AC 鼓风机 4. 空调控制面板总成 5. 线束和插接器
出风模式调节不正常	1. 前出风模式风门控制电机 2. 空调控制器 3. 线束和插接器
驾驶侧冷暖调节不正常	1. 驾驶侧空气混合控制电机 2. 空调控制器 3. 线束和插接器
前排乘客侧冷暖调节不正常	1. 前排乘客侧空气混合控制电机 2. 空调控制器 3. 线束和插接器
内外循环调节不正常	1. 循环控制电机 2. 空调控制器 3. 线束插接器
空调系统所有功能失效	1. 高压配电 2. 空调电机驱动器 3. 空调控制器电源电路 4. 空调控制器 5. CAN 传输系统 6. 线束和插接器
仅制冷系统失效（鼓风机工作正常）	1. 压缩机 2. 空调电机驱动器 3. 压力开关
鼓风机不工作	1. 鼓风机回路 2. 空调控制器

(续)

故障症状	可能发生部位
后除霜失效	1. 后除霜回路
	2. 主控 ECU
	3. 线束和插接器
仅暖风系统失效	1. PTC 加热器
	2. 空调电机驱动器

2）系统压力测量：电动压缩机的故障一般采用检查系统压力进行诊断。满足下列测试条件后读取歧管压力表（图 5-2-46）压力。

测试条件：

- 启动车辆。
- 鼓风机转速控制开关置于"HI"位置。
- 温度调节旋钮置于"COOL"位置。
- 空调开关打开。
- 车门全开。
- 点火开关置于可使空调压缩机运转的位置。

正常工作的制冷系统仪表压力读数如表 5-2-6 所示。

图 5-2-46
歧管压力表指示

表 5-2-6 制冷系统正常压力读数

压力	读数
低压压力	0.15 ~ 0.25 MPa
高压压力	1.37 ~ 1.57 MPa

电动压缩机压缩量不足时，制冷系统故障压力表读数如表 5-2-7 所示。

表 5-2-7 制冷系统故障压力表读数

压力	读数	可能原因	诊断	纠正措施
低压压力	高	电动压缩机内部泄漏	压缩能力过低，阀门损坏引起泄漏，或零件可能断裂	更换电动压缩机
高压压力	低			

导致汽车空调制冷不足的故障原因很多，在诊断时应熟练掌握制冷系统的工作原理，利用系统的高、低压压力，并配合着各部位的温度变化，根据不同元件故障的特征不一样，进行确认与排除。

3）制冷系统不工作的故障诊断与排除：空调制冷系统不工作，除了制冷循环原因外，通常是电动压缩机不运转。

空调制冷请求信号发送的条件有：
a. 空调面板 A/C 按键有效；
b. 空调循环系统高压、低压的压力正常；
c. 电动压缩机起停时间的间隔≥10s；
d. 蒸发箱温度≥4℃；
e. 鼓风机运转。

在满足空调制冷的条件下，如果电动压缩机不运转，检查电动压缩机电路及电动压缩机本体。

三、新能源汽车制动系统和传统燃油汽车有什么区别？

新能源汽车的制动系统是在传统燃油汽车液压制动系统基础上增加了电动真空助力系统，或采用电子制动控制系统，以及采用制动能量回收模式。

以下介绍纯电动汽车与混合动力汽车制动系统检修，着重介绍与传统燃油汽车制动系统不同的结构。

1. 纯电动汽车制动系统检修

（1）电动真空助力系统结构组成

传统燃油汽车制动真空助力装置的真空源来自于发动机进气歧管，真空度一般可达到 0.05～0.07MPa。纯电动汽车没有发动机的真空源，仅由人力所产生的制动力无法满足行车制动的需要，通常需要单独安装一个电动真空泵来为真空助力器提供真空源。这个助力系统就是电动真空助力系统，即 EVP 系统（Electric Vacuum Pump 电动真空助力）。

如图 5-2-47 所示，电动真空助力系统由电动真空泵、真空罐、真空泵控制器（后期车型集成到整车控制器 VCU 里）以及与传统燃油汽车相同的真空助力器、12V 电源组成。

图 5-2-47 电动真空助力系统组成

电动真空助力系统的工作过程为：启动汽车时，车辆电源接通，真空泵控制器开始进行系统自检，如果真空罐内的真空度小于设定值，真空罐内的真空压力传感器输出相应电压信号至真空泵控制器，此时真空泵控制器控制电动真空泵开始工作，当真空度达到设定值后，真空压力传感器输出相应电压信号至真空泵控制器，此时真空泵控制器控制电动真空泵停止工作。当真空罐内的真空度因制动消耗，真空度小于设定值时，电动真空泵再次开始工作。

以下介绍电动真空助力系统的主要组成元件。

1)真空泵:真空泵是指利用机械、物理、化学或物理化学的方法对容器进行抽气而获得真空的器件或设备。通俗来讲,真空泵是用各种方法在某一封闭空间中改善、产生和维持真空的装置。

如图 5-2-48 所示是北汽新能源和比亚迪 e5 纯电动汽车上采用的电动真空泵。额定电压:DC 12V;工作电流:≤15A。

图 5-2-48　北汽新能源和比亚迪 e5 纯电动汽车电动真空泵

2)真空罐:真空罐用于储存真空,安装在真空罐上的真空压力传感器检测真空度并把信号发送给真空泵控制器。如图 5-2-49 所示。

以下是北汽新能源纯电动汽车真空罐参数。

真空罐密封性:15s 内在 66.7±5kPa 真空度下,真空压力降≤3kPa

最大真空度:>85kPa

抽至真空度 55kPa,压力形成时间:≤4s

抽至真空度 70kPa,压力形成时间:≤7s

真空度从 40kPa 抽至 85kPa,压力形成时间:≤4s

如图 5-2-50 是比亚迪 e5 真空压力传感器。

图 5-2-49　真空罐(北汽新能源,电线插接器位置为真空压力传感器)

图 5-2-50　比亚迪 e5 真空压力传感器

3)真空泵控制器:真空泵控制器是电动真空系统的核心部件。真空泵控制器根据真空罐真空压力传感器发送的信号控制真空泵工作。真空泵控制器如图 5-2-51 所示。

北汽新能源纯电动汽车,真空泵控制器接通 12V 直流电源,真空泵电机开始工作,当真空

度达到 -55kPa 时真空压力开关闭合，输出高电平信号给真空泵控制器，真空泵控制器在接收到信号并延时 10s 后，电机停止工作。

如图 5-2-52 所示，比亚迪 e5 电动真空泵由整车控制器 VCU 控制。VCU 采集车速信号、真空度压力信号，控制电动真空泵工作。电动真空泵启停条件：车速 <60km/h，真空度低于 60kPa 时启动，达到 75kPa 时关闭；车速 ≥60km/h，真空度低于 70kPa 时启动，达到 75kPa 时关闭。

图 5-2-51 真空泵控制器

图 5-2-52 比亚迪 e5 电动真空泵由整车控制器 VCU 控制

（2）电动真空助力系统电路及检修

以北汽新能源纯电动汽车为例，介绍电动真空助力系统的检修方法，其他与传统燃油汽车相同的部件检修参照传统燃油汽车的检修方法。

1）电动真空助力系统泄漏监测：电动真空助力系统真空管路发生空气泄漏，真空罐压力传感器检测到真空度不足，就会发送信号给真空泵控制器，控制电动真空泵工作。如果真空度一直不足，为了防止电动真空泵过热，在持续工作 15s 之后会自动停止。此时如果踩下制动踏板，整车控制器 VCU 检测到真空罐压力不足 55kPa，就会给电动真空泵报警继电器和组合仪表发出信号触发仪表显示报警信息，如图 5-2-53 所示。若 8s 后真空度仍未恢复到 55kPa 以上，会给 MCU（驱动电机控制器）发送信号，让车辆限速到 9km/h。

图 5-2-53 仪表报制动故障

2) 电动真空助力系统检查与诊断：电动真空助力系统的检查与诊断见表 5-2-8。

表 5-2-8 电动真空助力系统检查与诊断步骤

序号	检查步骤	检查结果及操作方法		
1	检查熔丝是否熔断	正常：进行下一步	不正常：熔丝熔断	更换熔丝
2	检查电动真空泵是否损坏	正常：进行下一步	电路有故障或电动真空泵损坏	检修电路或更换电动真空泵
3	检查真空罐是否漏气	正常：进行下一步	真空罐漏气	更换真空罐
4	正确检修操作后检查故障是否出现	正常：诊断结束	故障未消失	从其他症状查找故障

2. 混合动力汽车制动系统检修

以典型的丰田普锐斯混合动力汽车的 THS-II（第二代混合动力系统）制动系统为例，介绍混合动力汽车的制动系统。

（1）丰田混合动力电子制动控制系统功能

丰田普锐斯混合动力汽车的 THS-II 制动系统属于 ECB（电子控制制动）系统。THS-II 制动系统可根据驾驶人踩制动踏板的程度和所施加的力计算所需的制动力。然后，系统施加需要的制动力（包括再生制动力和液压制动系统产生的制动力）并有效地回收制动能量。

THS-II 制动系统的组成包括制动信号输入、电源和液压控制部分，取消了传统的真空助力器。正常制动时，总泵产生的液压力转换成液压信号，而不是直接作用在轮缸上，通过调整作用于轮缸的制动执行器上液压源的液压获得实际制动力。

THS-II 制动系统组成如图 5-2-54 所示。

图 5-2-54 THS-II 制动系统组成

电子控制制动系统 ECB ECU 和制动防滑控制 ECU 集成在一起，并和液压制动系统（包括带 EBD 的 ABS、制动助力和 VSC+）一起对制动进行综合控制。

VSC + 系统除了有正常制动控制 VSC 功能外，还能根据车辆行驶情况和 EPS 配合，提供转向助力来帮助驾驶人转向。

THS - II 制动系统采用电动机牵引控制系统。该系统不但具有旧车型上的 THS 系统拥有的保护行星齿轮和电动机的控制功能，而且还能对滑动的车轮施加液压制动控制，把驱动轮的滑动减小到最低程度，并产生适合路面状况的驱动力。

THS - II 制动系统的功能见表 5 - 2 - 9。

表 5 - 2 - 9　THS - II 制动系统的功能

制动控制系统	功能	概述
ECB 系统	VSC + （车辆稳定性控制）	VSC + 系统可以在转向时，防止前轮或后轮急速滑动产生的车辆侧滑和 EPS ECU 一起联合控制，以根据车辆的行驶条件提供转向助力
	ABS （防抱死制动系统）	制动过猛或在易滑路面制动时，ABS 系统能防止车轮抱死，保证车辆及人员安全
	EBD （电子制动力分配）	EBD 控制利用 ABS，根据行驶条件在前分界线和后轮之间分配的制动力 另外转向制动时，它还能控制左右车轮的制动力，以保持车辆平衡行驶
	再生制动联合控制	通过尽量使用 THS - II 系统的再生制动能力，控制液压制动来恢复电能
	制动助力	制动助力有两个功能，紧急制动时，如果制动踏板力不足，可以增大制动力；需要强大制动力时增大制动力

（2）混合动力汽车电子制动控制系统的主要组成元件

ECB（电子控制制动）系统的主要部件有：制动踏板行程传感器、制动灯开关、行程模拟器、制动防滑控制 ECU、制动执行器、制动总泵、备用电源装置。丰田普锐斯混合动力汽车的主要制动组件位置如图 5 - 2 - 55 所示。

1）制动踏板行程传感器和制动灯开关：制动踏板行程传感器和制动灯开关如图 5 - 2 - 56 所示。

制动踏板行程传感器直接检测驾驶人踩下的制动踏板的程度。此传感器包括触点式可变电阻器，它用于检测制动踏板行程踩下的程度并发送信号到制动防滑控制 ECU，信号采用反向冗余设计。

制动灯开关的作用与传统燃油汽车相同，作为控制制动灯及制动踏板动作信号。

2）行程模拟器：行程模拟器如图 5 - 2 - 57 所示，制动时根据踏板力度产生踏板行程。行程模拟器位于总泵和制动执行器之间，根据制动中驾驶人踏制动踏板的力产生踏板行程。行程模拟器包括弹簧系数不同的两种螺旋弹簧，具有对应于总泵压力的两个阶段的踏板行程特征。

图5-2-55 丰田普锐斯混合动力汽车电子控制制动系统组件

图5-2-56 制动踏板行程传感器和制动灯开关

图5-2-57 行程模拟器

3）制动防滑控制 ECU：汽车制动防滑控制系统就是对制动防抱死系统和驱动防滑系统的统称。制动防滑控制 ECU 处理各种传感器信号和再生制动信号以便控制再生制动联合控制、带 EBD 的 ABS、VSC＋制动助力和正常制动。根据各传感器信号来判断车辆行驶状况，并控制制动执行器。

4）制动执行器：制动执行器如图 5-2-58 所示，包含以下部分：

液压源部分：由泵、泵电动机、蓄能器、减压阀和蓄能器组成，液压源部分产生并存储压力，制动防滑控制 ECU 用于控制制动的液压。蓄能器压力传感器安装在制动执行器中。

液压控制部分：包括 2 个总泵切断电磁阀、4 个供压式电磁阀和 4 个减压电磁阀。

2 个双位型总泵切断电磁阀由制动防滑控制 ECU 控制，作用是用来打开或关闭总泵和轮缸间的通道；4 个线性供压电磁阀和 4 个线性减压电磁阀，它们由制动防滑控制 ECU 增减轮缸中的液压。

总泵压力传感器和轮缸压力传感器：安装在制动执行器中。

图 5-2-58 制动执行器

5）制动总泵：传统燃油汽车制动总泵上的真空助力器被取消，采用了电动机液压助力。制动总泵仍采用双腔串联形式，一旦电动机液压助力失效，制动总泵的前腔和后腔将分别对汽车的左前轮和右前轮进行制动，因此这个总泵也称为前轮制动总泵。

6）备用电源装置：备用电源装置如图 5-2-59 所示，备用电源保证给制动系统稳定的供电，该装置包括 28 个电容器电池，用于储存车辆电源（12V）提供的电量。当车辆电源电压（12V）下降时，电容器电池中的电就会作为辅助电源向制动系统供电。关闭电源开关后，HV 蓄电池系统停止工作时，存储在电容器电池中的电量放电。维修中电源开关关闭后，备用电源装置就处于放电状态，但电容器中仍有一定的电压。在从车辆上拆下备用电源装置或将其打开检查盒内部之前，一定要检查它的剩余电压，如必要需使其放电。

图 5-2-59 备用电源装置

（3）混合动力电子制动系统的工作原理

电源开关（电源信号）打开后，蓄电池向控制器供电，控制器开始工作，此时 EMB 信号灯显示系统应正常工作。驾驶人进行制动操作时，首先由电子制动踏板行程传感器探知驾驶人的制动意图（踏板速度和行程），把这一信息传给 ECU。ECU 汇集轮速传感器、踏板位置传感器等各路信号。根据车辆行驶状态计算出每个车轮的最大制动力。再发出指令给执行器（电机）执行各车轮的制动。电动机械制动器能快速而精确的提供车轮所需制动力，从而保证最佳的整车减速度和车辆制动效果。

如图 5-2-60 所示是再生制动联合控制示意图。在制动时，电动机 MG2 起到发电作用，和电动机 MG2 转动方向相反的转动轴产生的阻力是再生制动力的来源。发电量（动力蓄电池充电量）越多，阻力也越大。

图5-2-60 再生制动联合控制示意图

驱动桥和MG2通过机械方式连接在一起，驱动轮带动MG2转动而发电，MG2产生的再生制动力就会传到驱动轮，这个力由控制发电的THS-II制动系统进行控制。

再生制动联合控制和传统制动方式最大的区别是，其并不单靠液压系统产生驾驶人所需的制动力，而是THS-II制动系统一起联合控制提供再生制动的合制动力。这样控制能够最大限度的减少正常液压制动的动能损失，并把这些动能转化为电能。

THS-II制动系统上，由于采用了THS-II制动系统使MG2的输出功率得到了增加，THS-II增大了再生制动力。另外，由于采用ECB（电子控制制动）系统，制动力得到了改善，从而有效地增加了再生制动的使用范围。这些提高了系统恢复电能的能力，从而提高了燃油经济性。

(4) 混合动力汽车电子制动控制系统检修

以丰田混合动力汽车为例，介绍典型的混合动力汽车电子制动控制系统的检修。

1) 检修时注意事项：

● 当端子触点或者是零件安装出现故障时，对被怀疑零件的拆除和重新安装可能使系统完全或暂时恢复到正常状态。

● 为了准确的判断故障部位，必须检查故障发生时的各种情况。例如DTC（故障码）输出和历史数据并且在断开每一个插接器或安装拆除零件之前都要记录。

● 因为该系统可受到除电子制动控制系统外所有系统的影响，所以一定要同时检查其他系统中的DTC。

● 由于VSC+或ECB（电子控制制动）部分零件拆装后无法进行正确调整，包括转向传感器、偏移率传感器或制动踏板行程传感器等，因此，除非必要，否则不要对VSC+或ECB（电子控制制动）的零件进行拆装。

● 在按照修理手册中的指示完成VSC+或ECB系统的修理工作后和进行确认前，一定要做好相应的准备工作。

● 除非在检查步骤中有专门规定，否则一定要在电源开关关闭的情况下拆装ECU、执行器以及每个传感器。

● 确保在拆装或者更换VSC+或ECB零件之前拆下两个主继电器。

●执行器、制动总泵或行程模拟器的拆装以及其他步骤能够造成液面下降到储液罐端口以下。如果在进行后续作业时发生这种情况,一定要拆除两个电动机继电器,直到管路中的气体被完全排空。

●当泵电动机利用制动执行器软管中的空气来运转时,由于执行器中存在空气使得排空空气会变得困难。

●即使电源关闭,制动防滑控制 ECU 也可以操作行程模拟器并驱动泵电动机。

●ECB 系统有自己的辅助电源,在从备用蓄电池(12V)上断开负极端子直到放电完成,这个系统都可以运行。

●在电源开关关闭的情况下,制动操作完成之后制动防滑控制 ECU 仍能够工作 2min。

●主继电器和电动机继电器的拆除,电源开关断开之后等待 2min,在拆下两个继电器之前,停止制动踏板操作并且关闭驾驶人侧车门。

●在制动控制系统关闭之前,泵电动机准备进行下一步操作。

●在拆装 ECU、执行器和各传感器时,在安装所有零件后,一定要确认在进行测试模式检查和 DTC 输出检查时输出正常显示。

●DTC 注意事项

修理故障零件后并不能清除某些 DTC 的警告,如果在修理之后仍显示警告,则应在电源开关关闭之后清除 DTC。

清除 DTC 之后重新出现的故障零件的 DTC 会被再次保存。

●安全保护功能:

当制动控制系统发生故障时,制动防滑控制 ECU 点亮相应故障系统的警告灯(ECB、ABS、VSC + 和 BRAKE)并且禁止 ABS、VSC + 和制动辅助系统操作。

根据故障情况,除了故障部件之外,正常部件能继续 ECB 的控制。

●如果 4 轮中的任一个 ECB 控制被禁止,这个轮就会失去制动助力功能或制动能力。

一个失去制动助力功能,踩下制动踏板时的感觉变得像行程模拟器(踏板反作用力生成电磁阀)一样则禁止操作。

●如果所有轮的 ECB 控制被禁止,则 2 个前轮制动助力失去功能。

●鼓式测试仪注意事项:

a. 确保 VSC 警告灯在闪 [转到 TEST MODE(测式模式)]。

b. 用锁链保证车辆的安全。

●CAN 通信系统注意事项:

a. CAN 通信系统用于制动防滑控制,ECU、转向传感器、偏移率传感器(包括减速传感器)和其他 ECU 之间的数据通信。如果 CAN 通信线路有故障,系统会输出相应的 DTC。

b. 如果系统输出 CAN 通信线路的 DTC,应首先修理通信线路的故障,数据通信正常后,还要对 VSC + 系统进行故障排除。

c. 由于 CAN 传输线路有规定的长度和路线,因此不能临时使用旁路接线来修理。

提示:

断开蓄电池负极端子后,当重新连接端子时,电动门窗控制系统将被初始化。

●激活混合动力系统应注意:

a. 警告灯亮起或蓄电池断开又重新连接,则初次按下电源开关可能无法启动该系统。如果是这样,则再次按下电源开关。

b. 打开电源开关（IG），断开蓄电池。如果在重新连接时钥匙不在钥匙孔内，则可能输出 DTC B2799。

2）电子制动控制系统故障诊断：进行警告灯和指示灯检查：

- 松开驻车制动踏板，将"P"档开关接通，保持车辆安全。
- 驻车制动或制动液位低时，BRAKE 警告灯点亮。
- 打开电源开关（READY），检查 ABS 警告灯、VSC 警告灯、BRAKE 警告灯、制动控制警告灯和 SLIP 指示灯点亮大约 3s，然后熄灭。警告灯和指示灯显示如图 5-2-61 所示。

图 5-2-61　警告灯和指示灯显示

如果警告灯显示异常（常亮）时，应采用故障诊断仪器读取 DTC，根据 DTC 内容检修。

3）制动控制系统故障症状表：如果没有 DTC 输出但故障仍然存在，则依照表 5-2-10 所给的顺序依次检查各故障现象的电路。

表 5-2-10　制动控制系统故障症状表

故障现象	可能发生的故障部位
ABS 不工作 BA 不工作 EBD 不工作	（1）再次检查 DTC 确保输出正常代码 （2）IG 电源电路和接地电路 （3）速度传感器电路 （4）使用智能测试仪 II 检查制动执行器［用 ACTIVE TEST（动态测试）功能检查制动执行器操作］如果异常，则检查液压回路是否泄漏 （5）检查完故障可能发生部位的上述电路并证明正常后，如果症状仍然出现，则更换制动防滑控制 ECU
ABS 不能有效工作 BA 不能有效工作 EBD 不能有效工作	（1）再次检查 DTC 确保输出正常代码 （2）速度传感器电路 （3）制动控制警告灯开关电路 （4）使用智能测试仪 II 检查制动执行器，如果异常，检查液压回路是否泄漏 （5）检查完故障可能发生部位的上述电路并证明正常后，如果症状仍然出现，则更换制动防滑控制 ECU
ABS 警告灯异常	（1）ABS 警告灯电路 （2）制动防滑控制 ECU
不能进行 ABS 的 DTC 检查	（1）再次检查 DTC 确保输出正常代码 （2）TC 端子电路 （3）检查完故障可能发生部位的上述电路并证明正常后，如果症状仍然出现则更换制动防滑控制 ECU
不能进行传感器信号检查	（1）TC 端子电路 （2）制动防滑控制 ECU
VSC 不工作	（1）再次检查 DTC 确保输出正常代码 （2）IG 电源电路和接地电路 （3）检查液压回路是否泄漏 （4）速度传感器电路 （5）偏移率（减速）传感器电路 （6）转向传感器电路 （7）检查完故障可能发生部位的上述电路并证明正常后，如果症状仍然出现，则更换制动防滑控制 ECU

（续）

故障现象	可能发生的故障部位
SLIP 指示灯异常	（1）SLIP 指示灯电路 （2）制动防滑控制 ECU
不能进行 VSC 的 DTC 检查	（1）再次检查 DTC 确保输出正常代码 （2）TC 端子电路 （3）检查完故障可能发生部位的上述电路并证明正常后，如果症状仍然出现，则更换制动防滑控制 ECU
VSC 警告灯异常	（1）再次检查 DTC 确保输出正常代码 （2）VSC 警告电路 （3）检查完故障可能发生部位的上述电路并证明正常后，如果症状仍然出现则更换制动防滑控制 ECU
制动控制警告灯异常	（1）再次检查 DTC 确保输出正常代码 （2）制动控制警告电路灯 （3）检查完故障可能发生部位的上述电路并证明正常后，如果症状仍然出现，则更换制动防滑控制 ECU

四、新能源汽车电动转向系统和传统燃油汽车有什么区别？

1. 电动转向系统的类型

新能源汽车电动转向系统（EPS）与传统燃油汽车基本相同。由于纯电动汽车取消了内燃机，不能通过内燃机驱动液压助力油泵的方式来实现液压助力。因此，大多数纯电动汽车采用电动转向系统，即在原机械转向系统基础上安装一个电动机，作为转向的辅助动力。

电动转向系统根据电动机的安装位置不同，又可以分为转向轴助力式、齿轮助力式、齿条助力式 3 种。转向轴助力式 EPS 的电动机固定在转向轴一侧，通过减速机构与转向轴相连，直接驱动转向轴助力转向。齿轮助力式 EPS 的电动机通过减速机构与小齿轮相连，直接驱动齿轮助力转向。齿条助力式 EPS 的电动机通过减速机构则直接驱动齿条提供助力。

如图 5-2-62 所示按分类一共有三种形式，转向轴助力式，齿轮助力式和齿条助力式。

图 5-2-62　电动转向系统的类型

2. 电动转向系统的结构组成

以丰田混合动力汽车为例，介绍电动转向系统的结构组成。

如图5-2-63所示，电动转向系统由转向机（含转向轴柱和减速机构等）、电动机、扭矩传感器、EPS控制器等部件组成。EPS控制器根据各传感器输出的信号计算所需的转向助力，并通过功率放大模块控制助力电动机的转动，电动机的输出经过减速机构减速增扭后驱动齿轮齿条机构产生相应的转向助力。

图5-2-63　电动转向系统组成

（1）转向机、转向柱轴、减速机构

转向机与传统的机械转向相同，在打转向盘的同时，帮助驾驶人用力，以减轻驾驶人转向时的用力程度，达到开车时驾驶人轻松、方便的目的。

如图5-2-64（左）所示。电动机、减速机构和扭矩传感器都安装在转向柱轴上，扭矩传感器为感应式电阻传感器。减速机构通过蜗杆和涡轮降低电动机的转速并将之传送到转向柱轴，蜗杆由滚珠轴承支承以减小噪声和摩擦。

（2）电动机

EPS系统采用的电动机为小型直流电动机，因此也称DC电动机，可以根据EPS控制器的信号产生转向助力。如图5-2-64（右）所示。DC电动机包括转子、定子和电动机轴，电动机产生的扭矩通过联轴器传到蜗杆，转矩又通过涡轮传送到转向柱轴。

图5-2-64　转向柱轴（左）和直流（DC）电动机及减速机构（右）

（3）转矩传感器

转矩传感器检测扭力杠杆的扭曲程度，转换为电信号来计算扭力杆上的转矩，并将信号传输给EPS控制器。在输入轴上安装有检测环1和检测环2，而检测环3安装在输出轴上，输入轴和输出轴通过扭力杆连接在一起，检测线圈和校正线圈位于各检测环外侧，不经接触可形成励磁电路。检测误差1和检测误差2的功能是校正温度误差，可以检测校正圈中的温度变化并校正温度变化引起的误差。

检测线圈通过对偶电路可以输出2个信号VT1（转矩传感器信号1）和VT2（转矩传感器信号2）。ECU根据这两个信号控制助力大小，同时检测传感器故障。

直线行驶时，如果车辆直线行驶且没有转动转向盘，则ECU会检测出的转向盘位置，不向EPS电动机供电。

转向时，向左或向右转动转向盘时，扭力杆的扭曲就会在检测环2和检测环3之间产生相对位移，检测环可以把这个变化转换为两个电信号VT1和VT2，并发送到EPS控制器。转向盘左转时，输出一个比自由位置输出电压与助力转矩关系如图5-2-65所示。输出电压低的电压，这样，就可以根据转向助力检测到转向方向，转向助力由输出值的量级决定。

图5-2-65　丰田汽车转矩传感器（左）输出电压与助力转矩关系（右）

（4）EPS控制器

EPS控制器根据各传感器（包括车速传感器）发出的信号，启动转向柱上的电动机来提供转向助力。电动助力转向系统工作原理如图5-2-66所示。

图5-2-66　EPS工作原理

当整车处于停车下电状态，EPS不工作（EPS不进行自检、不与整车控制器VCU通信、EPS驱动电机不工作）；当钥匙开关处于ON档，ON档继电器吸合后EPS开始工作。

EPS正常工作时，EPS根据接收来自VCU的车速信号、唤醒信号及来自转矩传感器的转矩信号和EPS助力电机的位置、转速、转子位置、电流、电压信号等进行综合判断，以控制EPS电动机的转矩、转速和方向。

转向控制器在上电200ms内完成自检，上电200ms后可以与CAN线交互信息，上电300ms

后输出转向故障和转向状态信息，上电 1200ms 后输出控制系统版本信息。

当 EPS 检测到故障时，通过 CAN 总线向 VCU 发送故障信息，并采取相应的处理措施。

(5) 电动转向系统检修

1) 电动转向系统转向力的检查：转向力的检查有助于判断电动助力转向系统的工作情况。

a. 汽车停放在水平路面上，转向盘放置在平直向前位置。

b. 检查轮胎充气压力是否符合规定的要求。

c. 启动车辆。

d. 通过相切方向勾住转向盘上的弹簧秤测量转向力。

转向力标准：至少 35N（3.5kg）。

2) 电动助力转向系统检修时操作注意事项，当处理电子部件时：

a. 避免撞击电子部件，如 EPS 控制器和 EPS 电动机。如果这些部件跌落或遭受严重撞击，则应该换新。

b. 不要将任何电子部件暴露在高温或者潮湿的环境中。

c. 不要触碰插接器端子，以防变形或者因静电引起的故障。

d. 断开或重新连接插接器时必须确认钥匙置于 OFF 位置。

当处理机械总成时：

a. 避免撞击转向管柱或者转向机总成，特别是电动机或者转矩传感器，如果这些部件遭受严重撞击，则应换新。

b. 当移动管柱或者转向机总成时，不要提拉线束。

3) 电动转向系统故障诊断，电动助力转向系统常见的故障现象、故障原因及排除方法见表 5-2-11 所示。

提示：

务必首先排除非电动助力转向系统的原因，如四轮定位、悬架、轮胎等。

表 5-2-11 电动助力转向系统常见的故障现象、故障原因及排除方法表

故障现象	可能的原因	排除方法
转向沉重	插接件未插好	插好插接器
	线束接触不良或破损	更换线束
	转向盘安装不正确（扭曲）	正确安装转向盘
	转矩传感器性能不良	更换转向器
	转向器故障	更换转向器
	电动机转速传感器故障	更换电动机转速传感器
	车速传感器性能不良	更换车速传感器
	主熔丝和线路熔丝烧坏	更换熔丝
	EPS 控制器故障	更换 EPS 控制器
在直行时车辆总是偏向一侧	转矩传感器性能不良	更换转向器
转向力不平顺	转矩传感器性能不良	更换转向器

第六章
新能源汽车维护与故障诊断

由于结构和控制方式与传统燃油汽车的差别,新能源汽车维护与故障诊断有其特殊性。本章主要介绍新能源汽车检查与维护项目及故障诊断方法,包含2个单元:

①新能源汽车检查与维护;
②新能源汽车故障诊断与排除。

通过以上2个单元的学习,你将能够掌握纯电动汽车与混合动力汽车检查与维护的要求及注意事项,以及故障诊断与排除方法。

第一节 新能源汽车检查与维护

作为一名新能源汽车专业技术人员,你能完成新能源汽车 PDI 检查及常规保养项目吗?

一、新能源汽车 PDI 检查有哪些内容?

1. PDI 检查的目的与分类

PDI(Pre-Delivery Inspection),指新车交付之前的检查。

(1)PDI 检查的目的

1)检查运输造成的车辆损伤:新车从生产厂到达经销商处经历了上千千米的运输路途和长时间停放,途中风吹日晒、雨雪霜雾、沙尘飞石、颠簸摇晃,会车剐蹭,往往对运输车辆造成损伤。

如图 6-1-1 是新车运输的场景。

图 6-1-1
新车运输的场景

2)解除运输模式:新车运输过程中,厂家会设定在运输模式运行,例如关闭防盗系统,避免运输震动触发防盗。这种模式下车辆只能简单行驶,很多系统没有被激活。强行使用会导致功能不全,甚至会严重损害车辆,给车辆及驾驶人的安全造成极大的危害。

因此,为了向用户保证新车的安全性和原厂性能,PDI 检查必不可少。

(2)PDI 检查的分类

以北汽新能源汽车为例,新能源汽车 PDI 检查分为四级:

第一级:新车从 OK 线(整车生产线)下线到入库 PDI 检查,由生产厂家完成。

第二级:新车出库交物流运输 PDI 检查,由生产厂家完成。

第三级:新车运输到销售公司接车质量验收 PDI 检查,由服务站/经销商完成。

第四级:新车销售交客户前,销售人员对车辆 PDI 检查,由服务站/经销商完成。

2. 销售 PDI 检查的内容及要点

以北汽新能源纯电动汽车为例，介绍新车销售前 PDI 检查的内容和要点。操作时请根据汽车生产厂家的要求（PDI 检查表）执行。

（1）基本检查

1）外观检查：全车漆面，前后风窗玻璃，左右车窗，前后车灯表面无磕碰、划伤；车顶装饰条粘贴良好无损坏；车门、前机舱盖、灯具安装各部缝隙均匀，过渡无明显阶差。

提示：
检查车身外观的钣金、漆面、车身部件安装阶差等缺陷，目光与检查部位 <45° 时，容易发现问题。

提示：
车身高度一致性检查时，站在车辆正前方，目测左右翼子板处，左右高低一致。分别用双手在左右翼子板处用力下压几次，检查悬架系统弹簧与减振器是否良好。

2）轮胎、轮辋检查：轮胎表面无割伤，胎压正常；轮辋及螺栓无划伤，生锈；翼子板内衬齐全。

3）内饰检查：门内侧，门框，方向盘，仪表台，档位，中央扶手箱，座椅，地毯，车顶内饰安装可靠、无划伤、无脏污、车内无杂物、无缺件、无漏装。

提示：
- 目测检查车内饰齐全：车门内饰、车顶内饰、底板无污渍、无划伤、贴服平整可靠；仪表台平整光洁、无划伤、无污渍、无翻边。右侧（前排乘客）杂物箱可正常开闭。
- 车门与车身安装缝隙一致，密封胶条是否完好。
- 行李舱（尾门）护板、外后视镜后边缘处、外后视镜三角块无毛刺。
- 尾灯无破损。
- 前后保险杠与车身配合良好，间隙均匀。

以上检查如果发现异常，应在"外观损伤位置标示图"标示并描述，如图 6-1-2 所示。

图 6-1-2 基本检查结果标示

（2）前机舱内检查

1）整体目视检查：前机舱中的部件有无渗漏及损伤。

2）冷却液液位：液位应在 max~min 之间。

3）制动液：储液罐及软管有无漏液或损伤，液位应在 max~min 之间。

4）玻璃清洗剂液位：液位应在 max～min 之间。

5）蓄电池：状态、电压，蓄电池接线螺栓是否紧固。

6）线束/配管：不干涉，不松动（注意：橘黄色电缆为高压电缆，请勿触动），各线束接头连接有效锁止；高压电缆无死弯护套无破损；DC/DC 变换器负极与车身搭铁螺钉紧固正常。

提示：

前机舱内部件状况检查注意事项如下：

● 高压部件及线束与插接件：部件完好、清洁；线束无死弯、无破损；插接件锁止可靠；线束固定完好。

● 低压控制部件及线束与插接件：部件完好、清洁，线束无死弯、无破损，插接件锁止可靠。线束固定完好。

● 冷却液及管路、制动液及管路、玻璃清洗液及管路：液位正常；管路无渗漏；管路固定完好。

● 前机舱右前纵梁上的熔丝盒：加装了防水沟槽，即便在短时间内前机舱被水渗入也不会影响到熔丝盒的正常运转，熔丝盒盖必须盖严密，如图 6-1-3 所示。

图 6-1-3 北汽新能源 EV200 前机舱熔丝盒

（3）车辆功能检查

1）遥控器及钥匙：遥控器及机械钥匙可以有效锁闭及开启五门；锁闭后后视镜收起，警告灯闪烁。

提示：

● 机械钥匙可以开启左前门，开启后其他三门也可以开启。
● 用机械钥匙锁闭车门，其他三门同时锁闭。
● 遥控钥匙可以打开四个车门，也可关闭四个车门。
● 在车门打开和锁闭时，车外后视镜上以及警告灯闪烁几次。

2）车门及行李舱：四个车门及行李舱开启和关闭正常。

3）车窗：四个车窗的玻璃升降正常。

4）中控门锁：使用正常。

5）主驾和副驾座椅：座椅调节正常，安全带拉伸及锁闭正常。

6）仪表各项指示灯：上电后各项检测指示灯数秒后正常熄灭。

7）导航仪及收音机：使用正常。

8）方向盘：上下调节正常，喇叭正常，媒体调节按钮使用正常，方向盘安装正常。

9）照明灯光：远光灯、近光灯、雾灯、行李舱灯、光束调节系统使用正常。

10）指示（信号）灯光：转向灯、警告灯、刹车灯、倒车灯、牌照灯、示廓灯使用正常。

11）刮水器：喷水器正常，前后刮水器刮水正常。

12）空调：制冷和制热正常，风量调节正常，各出风口正常。

13）后视镜（高配）：两侧及车内后视镜是否正常调节。

14）电动天窗（高配）、车内灯：电动天窗开关正常，车内灯使用正常。

提示：电动天窗开关正常，可正常倾斜、开闭。

15）遮阳板及化妆镜：遮阳板及化妆镜使用正常。

提示：遮阳板可在任意位置停住。化妆镜检查可以左右翻动。

16）前机舱盖，充电口盖：前机舱盖，充电口盖开启、闭合正常。

提示：
- 快充口开关灵活，无卡滞，密封可靠。
- 慢充盖板功能正常，并检查密封性。

提示：充电盖板闭合锁具上的小弹片，当充电盖板闭合的时候，弹片受挤压变形顶住盖板。当车内控制充电盖板解锁时，弹片被释放将充电盖板顶起，如图6-1-4所示。

图6-1-4 慢充盖板及弹片

17）倒车雷达/影像：倒车雷达/影像使用正常。
18）变速机构及驻车制动器：变速机构及驻车制动器操作功能正常。
19）数据采集终端：数据采集终端平台是否可以监控。
20）充电功能：快、慢充功能正常。
21）10km路试：转向、制动、能量回收功能、驻坡能力（20%坡度）、制动真空泵启动正常；行驶有无跑偏、摆振；直线行驶方向盘是否对正。

提示：仅在车辆出库PDI检查时执行。

(4) 配备检查

1）铭牌及随车资料：铭牌有粘贴；随车资料（导航手册）齐全，资料信息与车辆一致。

提示：车辆标识检查主要包括车辆合格证、VIN（车辆识别码）号、产品铭牌与车辆出厂检验单是否相符。如果相符即在新车检查表车辆标识检查区域勾选合格。

2）随车工具：(备胎、工具三件套、千斤顶) 随车工具齐全。

(5) 其他检查

出租车：计价器及计价器遥控面板、顶灯及顶灯钥匙、空车牌、驾驶人信息栏、禁止吸烟贴、座套（两套）。

二、新能源汽车新车使用要求与传统燃油汽车有什么区别？

新能源汽车与传统燃油汽车的主要区别是驱动系统，但是新能源汽车在车身电气、底盘等部件上与传统燃油汽车区别并不大。因此在新车使用与后期的维护中，新能源汽车与传统燃油汽车相同的系统部件可参考传统燃油汽车，针对特有的部件需要按新的要求执行，特别要说明的是需要注意高压电的安全操作。

1. 新能源汽车新车磨合

新车磨合是指将新车中的传动零部件经过一段时间的运转摩擦，使得接合与啮合面的接触非常吻合、表面非常光洁的过程，从而提高后期车辆的使用效率，延长车辆的使用寿命。

传统燃油汽车需要磨合，新能源汽车新车期间也需要磨合，但与传统燃油汽车的磨合有所区别：

(1) 纯电动汽车新车磨合

纯电动汽车没有发动机和摩擦片式的离合器,因此新车期间主要的磨合是指对制动系统部件的磨合。

(2) 混合动力汽车新车磨合

混合动力汽车由于发动机的启动与运转不再受驾驶人的控制,因此在新车期间也不需要对发动机进行额外的磨合。

(3) 新车磨合期的检查内容

新能源汽车进入磨合期后,应进行阶段性能检查维护,内容包括以下方面:

1) 磨合前期:清洁全车;紧固外露的螺栓、螺母;补充冷却液;检查电机驱动系统;检查轮胎气压;检查灯光仪表;检查低压蓄电池;检查制动系统。

2) 磨合期使用过程中:日常注意观察电机驱动器、驱动桥、轮毂以及传动轴等是否有杂音或有无发热现象,制动系统的制动能力及紧固性、密封效果,全车外露螺栓、螺母的紧固情况;使用过程中注意车辆要温和驾驶,避免各种激烈驾驶。

3) 磨合结束:按照厂家规定里程数或使用时间到指定维修站进行全车首次保养,一般主要进行全车油液检查、底盘机械部件检查、各系统功能检查,以及更换减速器齿轮油;如果是混合动力汽车,一般需要换发动机机油、机油滤芯等。部分新能源车型首次保养规定见表6-1-1所示。

表6-1-1 部分新能源车型首次保养规定

	使用里程和时间(月数)		备注
吉利帝豪 EV300	3000km	3个月	减速器齿轮油首次保养必须更换
比亚迪 e5	3000km	3个月	
北汽新能源 EC200	10000km	6个月	
江淮 iEV6e	3000km	3个月	
长安奔奔 EV260	10000km	6个月	
丰田卡罗拉双擎	5000km	3个月	5000km 进行新车安全检查
	10000km	6个月	10000km 首次保养、更换机油滤芯
特斯拉	20000km	12个月	后续每20000km 或12个月保养1次(底盘、空调滤清器等),每8年或每160000km 更换动力蓄电池冷却液

2. 新能源汽车动力蓄电池使用要求

新能源汽车的动力蓄电池需要在新车期间执行相应的维护操作,包括对动力蓄电池的适度放电和充电,初期使用时应注意以下内容:

(1) 正确掌握充电时间

在使用过程中,应根据实际情况准确把握充电时间和充电频次。正常行驶时,如果电量表指示应充电，应停止运行，尽快充电，否则动力蓄电池过度放电会严重缩短其寿命。如果充满电后运行时间较短就充电，充电时间不宜过长，否则会形成过度充电，使动力蓄电池发热。过度充电、过度放电和充电不足都会缩短动力蓄电池寿命。

（2）定期充电

即便续驶能力要求不长，充一次电可以使用2～3天，但是还是建议每天都充电，这样使动力蓄电池处于浅循环状态，使用寿命会延长。

如图6-1-5是吉利帝豪EV300动力蓄电池电量过低时的仪表显示状态，有助于用户判断车辆剩余的续驶里程。

图6-1-5 吉利帝豪EV300动力蓄电池电量低至20%时仪表显示状态

三、新能源汽车需要做哪些保养项目？

1. 纯电动汽车的保养项目

纯电动汽车的低压电器和底盘部分与传统燃油汽车基本一致。为了确保车辆保持最佳的状态，纯电动汽车同样需要像传统燃油汽车那样定期保养，每次保养时检查低压蓄电池、底盘、灯光、轮胎等常规部位。

由于纯电动汽车是靠电机驱动，没有装备内燃机，因此纯电动汽车只需要对动力蓄电池组和驱动电机进行检查。

以下介绍纯电动汽车保养项目及操作说明。涉及车型主要以吉利帝豪EV300为例，其他车型可以参考，必要时参照相关车型维修手册的内容。

警告：

在执行高压车辆诊断及维护前，务必佩戴完好的个人安全防护设备，并严格遵守正确的操作步骤！

（1）保养项目

吉利帝豪EV300纯电动汽车保养项目（表6-1-2）是用于保证行车稳定、减少故障发生、安全以及经济的驾驶。车辆保养的间隔按里程表的读数或时间间隔而定，以先到者为准。对于已经超过最后期间的保养项目，也应在同样的时间间隔里进行保养。

表6-1-2 吉利帝豪EV300纯电动汽车专用件保养项目及说明

总成	保养项目	保养内容	保养周期
动力蓄电池总成	动力蓄电池箱外围	动力蓄电池箱体（含尾部挂梁）与车辆底盘的固定螺柱紧固	10000km或6个月保养一次
		动力蓄电池箱体（含尾部挂梁）与车辆底盘的固定螺柱腐蚀/破损	
		MSD（维修开关）拉手及底座内部清洁度/腐蚀/破损	
		高压插接器公插与母插清洁度/腐蚀/破损	
		低压插接器公插与母插连接可靠性	
		低压插接器公插与母插清洁度/腐蚀/破损	
		动力蓄电池箱箱体划痕/腐蚀/变形/破损	
		动力蓄电池下箱体底部防石击胶划痕/腐蚀/破损	
	动力蓄电池状态	检查动力蓄电池状态参数/SOC/温度/动力蓄电池单元电压	
		检查动力蓄电池组绝缘阻值	
驱动电机	清洁	清洁驱动电机外壳体，保证无水渍、泥垢	10000km或6个月保养一次
	驱动电机水冷系统	检查管路有无老化、渗漏	
		检查电动水泵是否有冷却液渗漏	
	驱动电机机械连接紧固	检测螺栓上的漆标，若漆标位置有移动则对螺栓进行紧固；若无则不做要求	
	接地线连接	驱动电机接地线部位的接地电阻≤0.1Ω	
车载充电机	一般检查	清洁	10000km或6个月保养一次
		高、低压插接件表面完好无破损、牢固	
		接地线牢固无松动	
		车载充电机安装牢固、无松动	
		车载充电机诊断测试	
冷却系统	冷却液	检查或更换	20000km更换一次
减速器	齿轮油	检查或更换	50000km更换一次
驱动电机控制器	绝缘、接地电阻检测	绝缘电阻≥100MΩ；接地电阻≤100mΩ	50000km检查一次
	不可维修件，无需保养		
分线盒	无需保养		

注意：

该保养项目表特指吉利帝豪 EV 车型专用件保养项目及周期，其他常规保养项目及周期与吉利帝豪 EC7（FE-3/4）保持一致。

(2) 动力蓄电池保养操作说明

警告：

必须由经过培训的专业维修技师进行操作！

警告：

检查个人安全防护设备，确保绝缘手套等防护设备在有效检验期内并可用！

1) 外观检查：

目的：检查外观有无磕碰、损坏。

方法：将车辆举升目测动力蓄电池底部有无磕碰、划伤、损坏的现象。

工具：举升机、目测。

2) 绝缘检查：

目的：防止动力蓄电池箱内部短路。

方法：将动力蓄电池高压电缆插接件拧开，用绝缘电阻表测总正、总负对地，阻值≥500Ω/V。

工具：绝缘电阻表、绝缘手套、绝缘工具。

3) 底盘连接检查：

目的：防止螺栓松动造成故障。

方法：用扭力扳手紧固固定螺栓。

工具：扭力扳手。

4) 插接件检查：

目的：检查插接件有无异常。

方法：目测动力蓄电池高、低压插接件变形、松脱、过热、损坏等情况。

工具：目测、绝缘手套、绝缘工具。

5) 高低压插接件可靠性检查：

目的：确保插接件正常使用。

方法：检查是否松动、破损、锈蚀、密封等情况。

工具：目测、绝缘手套、绝缘工具。

6) 动力蓄电池相关故障码检查：

目的：确保动力蓄电池正常工作，无故障码。

方法：使用诊断仪读取 BMS 故障码。

工具：诊断仪。

7) 动力蓄电池内部温度采集点检查：

目的：确保温度采集点工作正常，采集点合理。

方法：诊断仪数据、车载电脑监控温度与红外测温仪温度对比，检查温度精度。

工具：诊断仪、红外测温仪。

8) 标识检查：

目的：防止脱落。

方法：目视检查。

工具：目测。

9）动力蓄电池密封检查：

目的：保证动力蓄电池箱体密封良好，防止水进入。

方法：目视检查密封条或更换密封条。

工具：目测。

（3）驱动电机及驱动电机控制器保养操作说明

1）外观检查：

目的：检查外观有无磕碰、损坏。

方法：将车辆举升目测驱动电机底部有无磕碰、划伤、损坏的现象。

工具：举升机、目测。

2）外部清洁：

目的：清洁驱动电机及驱动电机控制器表面。

方法：压缩空气吹驱动电机及驱动电机控制器，禁止使用潮湿的布或高压水枪进行清洁。

工具：除尘枪。

3）绝缘检查：

目的：防止驱动电机内部短路。

方法：将驱动电机 U/V/W 插接件拧开，用绝缘电阻表测，阻值≥500Ω/V。

工具：绝缘电阻表、绝缘手套、绝缘工具。

4）驱动电机及驱动电机控制器冷却液检查：

目的：检查驱动电机及驱动电机控制器冷却液循环制冷效果。

方法：

a. 冷却液冰点。

2 年或 40000km 使用冰点测试仪检测防冻液浓度，温度 < -35℃应更换新防冻液。

b. 冷却管路。

目测检查冷却系统管路及各零部件接口处有无泄漏情况。

c. 水泵。

目视检查水泵接口是否有渗漏痕迹，是否有异响、停转现象。

d. 散热水箱。

在驱动电机及驱动电机控制器冷却后在散热器后部（驱动电机侧）使用压缩空气冲走散热器或空调冷凝器的碎屑，严禁使用高压水枪对散热器散热片喷湿清洗。

e. 冷却循环检查。

捏紧冷却水管使其水道内部阻力增大，使水泵转速变小，则声音发生变化；如无声音变化则水道内冷却液没有循环，需放气。

工具：冰点测试仪、除尘枪、卡环钳子、螺丝刀。

5）驱动电机冷却液液位检查与更换

警告：

为防止灼伤，当驱动电机热态的时候，不要拧开加注口盖！

检查

查看吉利帝豪 EV300 冷却液储液罐液面（图 6-1-6），冷却液液位将随驱动电机的温度变化而变化，正常液面位置应该保持在 F 线和 L 线之间，如果液位在 L 线或以下，则须加注冷却液。拧开加注口盖，查看冷却液颜色是否浑浊，如果冷却液颜色浑浊，则应更换。

图 6-1-6　帝豪 EV300 冷却液储液罐

在加注冷却液之后，如果冷却液液位在短时间内下降，则系统可能有泄漏。须目视检查散热器、软管、散热器盖和放泄旋塞以及水泵。

冷却液型号标准（吉利帝豪 EV300）：

符合 SH0521 要求的驱动电机用乙二醇型驱动电机冷却液（防冻液），冰点 ≤ -40℃。

更换：

打开冷却液储液罐总成盖，断开散热器出水管（图 6-1-7）或散热器排水阀，用回收容器接收放出的驱动电机冷却液。

连接散热器出水管。缓慢加注冷却液，直至冷却液储液罐内冷却液量达到 80% 左右，且液位不再下降。

车辆上高压，打开暖风系统，通过电动水泵运行排除系统剩余空气；挤压散热器出水管可加速排空，注意电子风扇可能随时运行，小心绞伤；如果冷却液液位持续不变，且冷却液储液罐通气口无冷却液流出，需要重新上高压，并挤压散热器出水管强制排空。

图 6-1-7　帝豪 EV300 散热器出水管

观察冷却液储液罐内冷却液下降，及时补充冷却液，保持冷却液液位处于 F 线和 L 线之间。

观察冷却液储液罐通气口，待冷却液储液罐通气口有持续冷却液流出且冷却液储液罐内冷却液液位不再下降，拧紧冷却液储液罐盖，至此冷却液加注完成。

注意：

集中回收处理旧驱动电机冷却液，等待报废或再生利用，不要将旧驱动电机冷却液排入下水管道，保护环境。

冷却液型号标准：符合 SH0521 要求的驱动电机用乙二醇型驱动电机冷却液（防冻液），冰点 ≤ -40℃。

(4) 电气、电控系统保养操作说明

1) 前机舱及各部位低压线束防护及固定：检查前机舱线束各连接电缆无破损、碰擦干涉，连接良好，线束是否在原位固定。

2) 前机舱及各部位插接件状态：检查前机舱线束各连接电缆插接件是否松动、破损、锈蚀、烧熔等情况。

3）前机舱及底盘高压电缆防护及固定：检查前机舱底盘各橘黄色线束各连接电缆无破损、碰擦干涉，连接良好，线束是否在原位固定。

4）前机舱及底盘各高、低压电器固定及插接件连接状态：检查前机舱底盘端子接线是否牢固，无松动，控制线束插接件和旋变插接件连接牢靠，集成横梁上部件是否接地连接牢靠，无松动。

5）低压蓄电池：使用手持式低压蓄电池检测仪测量，启动电压≥13V为正常，正负极极柱无松动。

6）灯光信号：检查前照灯、尾灯及其他外部、内部灯光。

7）充电口及高压电缆：检查充电口外观及插头是否有破损、裂痕，同时进行充电是否导通；检查充电口盖能否正常开启或关闭，当充电口盖板打开时，仪表充电指示灯应常亮；当关闭充电口盖时，仪表充电指示灯应熄灭。

8）全车高压绝缘检测系统：使用绝缘电阻表检测高压电缆绝缘值。

9）故障诊断系统报警检测：连接诊断仪检测各控制系统有无故障。

(5) 制动系统保养操作说明

1）驻车制动器：在斜坡将驻车制动器手柄拉到整个行程70%的时候，或驻车制动器棘轮齿数6~7齿的时候测试是否溜车，是则调整驻车制动器。对于电子驻车制动器车型，只需拉起驻车制动开关使车辆处于驻车制动状态，测试车辆是否溜车。

2）制动装置：检查制动液是否泄漏。

3）制动液：每2年或者40000km更换制动液，制动液选取厂家规定型号标准的制动液；检查制动液，必须在max处不得高于max不得低于min。

4）制动真空泵、真空罐、驱动电机控制器：

a. 车辆停稳后，打开钥匙开关，完全踩下制动踏板，踩踏三次电动真空泵应正常启动，大约10s后真空度达到设定值时电动真空泵应停止运转。

b. 在电动真空泵工作时检查连接软管。

检测重点部位（检测有无磨损漏气现象）：

检查电动真空泵与软管连接处。

制动真空罐与软管连接处。

前后制动摩擦片。

前后制动盘片检查视情况更换。

(6) 转向系统保养操作说明

1）转向横拉杆球头间隙，紧固程度及防尘套状态。

a. 举升车辆（车轮悬空），通过摆动车轮和转向横拉杆来检查间隙。

b. 检查转向横拉杆球头的固定螺母是否牢固。

c. 检查转向横拉杆的防尘套有无损坏和安装位置是否正确。

2）转向助力功能：在道路试车过程中，通过原地转向、低速行驶中转向，检测转向时方向是否有沉重，助力效果不足等故障。

将转向盘分别向左右打至极限位置，检测是否有转向盘抖动、转向机异响等故障。

(7) 车身系统保养操作说明

1) 风窗玻璃及刮水器洗涤：目视检查车窗是否有裂纹，玻璃洗涤剂是否缺失酌情添加，刮水器擦洗是否干净，必要时更换。

2) 天窗、座椅及车门：天窗、座椅滑道、门锁铰链、前机舱铰链和锁扣后背门铰链及锁口清洁并加注润滑脂。

(8) 减速器（变速器）油位检查与更换操作说明

警告：
如果减速器油温过高时进行检查和更换，可能会造成烫伤！

注意：
集中回收处理旧减速器油，等待报废或再生利用，不要将旧减速器油液排入下水管道，保护环境。

提示：
数据以吉利帝豪EV300为例，其他车型请参照维修手册。

1) 检查：举升车辆，将车辆水平放置，并让减速器内部的油冷却，拆卸加注孔螺塞，并检查油位。

减速器油面应该与加注孔下缘齐平。如果液面过低，通过加注孔螺塞添加专用的手动减速器油，直到油液开始流出。最后重新安装并紧固加注孔螺塞。

加注孔螺塞力矩：19~30 N·m

2) 更换：举升车辆，将车辆水平放置，并让减速器内部的油冷却，拆卸减速器加注孔螺塞，拆卸减速器放油螺塞，用回收容器接收放出的减速器油。安装减速器放油螺塞。加注孔螺塞添加专用的减速器油，直到油液开始流出。重新安装并紧固加注孔螺塞。

放油螺塞力矩：19~30 N·m

加注孔螺塞力矩：19~30 N·m

减速器油参考用量：2.3±0.1 L

减速器油规格：Mobil Dexron Ⅵ

如图6-1-8是吉利帝豪EV300减速器加注孔螺塞和放油螺塞。

图6-1-8
吉利帝豪EV300减速器加注孔螺塞和放油螺塞

(9) 传动及悬架系统保养操作说明

1) 传动连接:

a. 检查变速器连接螺栓并紧固, 半轴油封有无渗漏, 每一年或 20000km 更换减速器 (变速器) 齿轮油。

b. 检查等速万向节及防尘套有无破损。

2) 轮毂: 目视检查轮毂有无划痕磕碰, 视情况做车轮动平衡。

3) 轮胎: 目视检查轮胎胎面和侧面是否有损坏和异物, 轮胎是否有滚动面异常磨损毛刺等; 花纹深度是否达到极限; 检查胎压是否正常。

4) 副车架悬置连接状态: 检查副车架并用扭力扳手检查紧固。

5) 前后减振器: 目视检查减振器有无漏油, 按照相关车型螺栓标准力矩检查螺栓紧固状态。

(10) 空调检查操作说明

纯电动汽车空调检查与传统燃油汽车的检查方法相似, 但需要注意以下几点:

1) 纯电动汽车的电动空调压缩机利用动力蓄电池的高压来驱动压缩机, 暖风系统同样利用高压加热 PTC 加热器, 因此需要特别注意安全防护。

2) 电动压缩机必须使用绝缘制冷剂油 (冷冻油)。应采用单独的回收容器以防制冷剂油混合。

2. 混合动力汽车的保养项目

混合动力汽车由于车辆仍然装备发动机, 因此在日常的维护要求上, 除了注意高压电安全外, 与传统燃油汽车的区别并不大。

(1) 保养项目

以丰田混合动力汽车为例, 从保养项目及内容 (表 6-1-3) 可以看出, 实际中对于高压的驱动部分并不需要特别的维护, 在常规保养过程中只需做相关部件外观检查, 定期检查更换动力蓄电池散热进气口滤网, 因此整车的保养维护跟传统燃油汽车基本一致。

表 6-1-3 典型混合动力汽车保养项目及内容

保养项目		保养周期
检查发动机多楔传动带有无裂纹、飞屑、磨损状况并调整其张紧度		每隔 15000km 或 24 个月检查, 每隔 60000km 更换
检查更换火花塞	一般使用条件	首次 18500km 更换, 之后每隔 22500km 更换一次
	严酷使用条件	检查并视情况提前更换
检查整车点火回路及供电回路		每次保养检查
检查曲轴箱通风系统 (PCV 阀和通风软管)		
检查冷却水管有无损伤, 并确认接管部是否锁紧		
检查副水箱内发动机防冻液液面高度		
加注汽油清净剂		定期保养时加注
更换发动机防冻液及驱动电机防冻液		采用有机酸型防冻液, 4 年或 10 万 km 更换一次

(续)

保养项目		保养周期
更换空气滤清器滤芯	一般使用条件	首次18500km更换，之后每隔22500km更换一次，定期保养时清洁
	严酷使用条件	检查并视情况提前更换
更换机油	一般使用条件	每次保养更换（7500km或12个月）
	严酷使用条件	每隔5000km更换
更换机油滤清器每次更换机油时更换		每次更换机油时更换
检查发动机怠速		每隔15000km或24个月检查
检查排气管接头是否漏气		
检查氧传感器		
检查三元催化器		
检查活性炭罐		
更换燃油滤清器		每隔15000km或24个月更换
检查燃油箱盖、燃油管和接头		每隔30000km或48个月检查
检查更换自动变速器内的齿轮油、前变速器齿轮油、滤清器及后总成齿轮油	一般使用条件	首次56000km更换，之后每60000km检查油品，必要时更换
	严酷使用条件	视情况需要缩短周期
检查紧固底盘固定螺丝		每次保养检查（7500km或12个月）
检查制动摩擦块和制动盘		
检查轮胎和充气压力（含TPMS）		
检查空调空气过滤器		
更换制动液		首次18个月更换，之后每24个月更换一次，例行保养时检查
检查制动踏板和电子驻车制动器开关		每隔15000km或24个月检查
检查制动系统管路和软管		
检查转向盘、拉杆		
检查传动轴防尘罩		
检查球销和防尘罩		
检查前后悬架装置		
检查前轮定位、后轮定位		
检查车轮轴承有无游隙		
检查冷气或暖气系统		

(续)

保养项目	保养周期
检查空调装置的制冷剂	每隔15000km或每年检查
检查安全气囊系统	
每年检查前舱盖锁及其紧固件	每年
每年检查车身损坏情况	

备注：新车行驶3500km或6个月进行首保；每隔7500km或12个月周期进行定期保养，里程数或月数以先到者为准。

(2) 保养操作说明

混合动力汽车保养操作说明参照纯电动汽车相关内容。特别说明的内容如下：

1) 蓄电池检查：如图6-1-9是丰田卡罗拉双擎（混合动力）的12V蓄电池。检查蓄电池桩头有无腐蚀或桩头松弛、裂纹或压板松弛。

a. 如果蓄电池桩头已被腐蚀，须用温水和小苏打水的混合溶液进行清洗，在蓄电池桩头外部涂润滑脂以防止进一步的腐蚀。

b. 如果蓄电池桩头连接松弛，须拧紧夹子的螺母。

c. 将压板拧紧至能够保持蓄电池固定在其位置上即可，过度拧紧将损坏蓄电池。

图6-1-9 丰田卡罗拉双擎（混合动力）的12V蓄电池

注意：

● 进行保养之前，须确认驱动电机和所有附属设备都已关闭。

● 检查蓄电池时，须首先取下蓄电池负桩头（"-"标记）上的接地电缆并在最后将它安装。

● 使用工具时避免同时接触蓄电池的正负极端子，以免造成短路。

● 清洁蓄电池时，注意不要让液体进入蓄电池中。

● 在电缆未断开时给蓄电池充电，可能会严重损坏车辆的电控单元及电器设备。在将蓄电池连接到充电器上之前，应先拆下蓄电池电缆。

● 如在驱动电机停止运转的情况下，长时间使用车辆用电设备，可能会导致蓄电池过度放电，导致车辆无法启动，甚至永久损坏蓄电池。

2) 发动机机油更换：仅对于油电混合动力汽车。换油程序与传统燃油汽车的换油程序相似，但需要注意以下几点：

a. 举升混合动力汽车时要注意不要把举升机胶垫放在车辆下面的橙色高压电缆上或离它们很近。

b. 大多数混合动力汽车要求黏度低的润滑油，如SAE 0W/20或SAE 5W/20。使用指定的润滑油黏度很重要，因为混合动力汽车的发动机经常启停多次，用错误的黏度等级不但会导致燃油经济性降低，而且还会导致发动机损坏。

c. 检查前必须确定发动机已经关闭。如果有智能车钥匙或汽车有启动按钮，确保钥匙距离车辆至少 5m 远，这有助于防止发动机意外启动。

3）冷却系统检查与更换：混合动力汽车发动机冷却系统检查与传统燃油汽车的检查方法相似，但需要注意以下几点：

a. 使用规定的专用冷却液。大多数汽车制造商建议使用预混合冷却液，因为使用含矿物质的水会导致腐蚀问题产生。此外，纯电动汽车还需要采用去离子水的冷却液，这与传统的冷却液不同，去离子水冷却液不会导电，这将保证了冷却液在冷却的高压部件中不会产生部件绝缘电阻下降的风险，特别是冷却液泄漏时。

b. 规定的冷却液更换间隔时间。这与传统燃油汽车的冷却液更换周期相似，应检查并确定在规定的时间或里程间隔期内更换。

c. 维修中的预防措施。例如，丰田普锐斯使用能让冷却液保温高达 3 天的储液罐。打开冷却液软管会导致热的冷却液释放，会严重烫伤维修人员。

4）转向系统检查：混合动力汽车转向系统检查与传统燃油汽车的检查方法相似，但需要注意以下几点：

a. 检查转向系统时，查看并按照使用说明书上规定的预防措施进行操作。

b. 大多数混合动力汽车都使用电动助力转向系统，并用逆变器提高电压来操作执行驱动电机（一般提高到 42V）。这些系统使用黄色或者蓝色塑料线管装电缆，这有助于判断该电压水平可能发生的危险。这个电压水平不会产生触电危险，但如果断开载有 42V 电压的电路，则会有电弧产生。

5）制动系统检查：混合动力汽车制动系统检查与传统燃油汽车的检查相似，但需要注意以下几点：

a. 所有混合动力汽车和纯电动汽车都使用再生（回收）制动系统，把制动减速时的动能转化成电能输送给动力蓄电池组。因此制动系统的磨损比传统燃油汽车小得多。

b. 用于混合动力汽车的基础制动器除主缸和相关的控制系统不同外，其他都与传统燃油汽车一样。制动系统没有与高压电路连接，因为在驱动电机里面产生再生能量，且由驱动电机控制器控制再生能量回收。因此不需要进行高压电安全防护。

第二节　新能源汽车故障诊断与排除

一辆纯电动汽车无法行驶，仪表故障警告灯点亮，你的主管要求你检查并分析故障原因，你能够完成这个任务吗？

 一、新能源汽车仪表有哪些故障指示灯和警告灯？

1. 新能源汽车常见的指示灯和警告灯

当纯电动汽车或混合动力汽车出现故障时，通常在仪表上会显示出相应的故障警告灯来提醒驾驶人，并根据车辆的实际运行情况，以及结合故障类型，启动相应的故障模式，见表 6-2-1。

表6-2-1 常见指示灯及警告灯含义

指示/警告灯	颜色	功能含义
	黄色	动力蓄电池充电提醒（电量不足报警）：当电量低于30%，动力蓄电池充电指示灯点亮；电量高于35%，动力蓄电池充电指示灯熄灭
	黄色	动力蓄电池切断：动力蓄电池处于切断状态时常亮
	红色	充电连接：当车辆外接充电枪连接（充电口盖开启）或者正在充电时常亮，此时车辆无法行驶
	红色	动力蓄电池故障：当动力蓄电池发生故障时常亮
	红色	动力蓄电池绝缘电阻低：系统检测到动力蓄电池的绝缘电阻低时常亮
	红色	动力蓄电池过热报警：系统检测到动力蓄电池过热时常亮
	黄色	系统报警提示：当系统存在报警或降功率运行时常亮
	红色	系统故障：当系统出现故障，不能正常工作时常亮或闪烁
	红色	驱动电机系统故障：当驱动电机系统出现故障，不能正常工作时常亮
	红色	驱动电机及驱动电机控制器过热报警：当驱动电机或驱动电机控制器过热时常亮
	红色	低压蓄电池充电故障（电量低）：低压蓄电池电量低时常亮
READY	绿色	车辆准备就绪指示：只有该灯亮时，车辆才可以正常行驶，且驾驶过程中常亮 注意：有些车辆也用OK指示灯

提示：不同的车型指示灯形状可能不同，请参照相应车型的技术资料。

2. 警告灯异常点亮检查方法

（1）警告灯的检查原则

当新能源汽车出现警告灯异常点亮的情况后，可以遵循一看、二查和三清的原则执行相应的检查。

一看：看仪表上显示的故障警告灯，定位故障原因；

二查：查故障码和系统状态，找到故障原因；

三清：清除故障；问题解决以后，通过诊断仪重新清除故障码，从而消除仪表上的警告灯。

此外，针对仪表中出现多个故障警告灯的情况，通常可以参考以下优先级的顺序进行诊断，如图6-2-1所示。

图6-2-1 仪表故障警告灯诊断优先级

注意：

1）针对上电以后整车无故障，但是不能进入READY模式的情况，需要先确认档位是否在空档，如不在空档请退回空档以后再尝试启动。

2）针对整车无故障，动力性能减弱的情况，需要注意电量低指示灯是否点亮，如亮请及时充电。

3）针对动力蓄电池充满电以后，动力蓄电池不能连接，动力蓄电池切断指示灯亮，需要查看外接充电枪是否拔掉，外接充电枪连接时整车不能行驶。

（2）常见故障警告灯的原因及诊断方法

1）钥匙打到ON档后，仪表所有灯不亮或闪烁或比较暗。

可能原因：

a. 仪表指示灯不亮：12V蓄电池的端子被拔掉或者12V蓄电池严重亏电；

b. 仪表指示灯闪烁或者比较暗：12V蓄电池亏电。

诊断方法：

a. 请检查前机舱12V蓄电池的端子是否被拔掉，若被拔掉，请连接后再试；

b. 12V蓄电池连接仪表指示灯不亮，说明12V蓄电池严重亏电，需更换12V蓄电池；

c. 仪表指示灯闪烁或变暗，说明12V蓄电池亏电，需要及时对12V蓄电池充电或者更换。

● 不更换12V蓄电池的方法：在高压动力蓄电池电量良好并且充电线断开的情况下，可以通过搭铁线将亏电的12V蓄电池与有电的12V蓄电池连接，点火开关置于ON位置使高压接触器吸合，DC/DC变换器开始工作以后即可断开搭铁线连接，在操作过程中请注意安全，正负极不要反接或短接。

注意：

有些车辆需要启动以后，DC/DC变换器才会对12V低压蓄电池进行充电。

● 判断DC/DC变换器工作的方法：①仪表LED指示12V低压蓄电池电流为负值；②通过电

压表测试蓄电池两端的电压大于13V。

2) 12V 蓄电池故障警告灯常亮 。

下述原因可能会导致 12V 蓄电池亏电：

a. 由于存放时间过长或者过量使用 12V 蓄电池导致 12V 蓄电池电压较低；

b. DC/DC 变换器故障，不能给 12V 蓄电池充电；

c. DC/DC 变换器熔丝熔断，12V 蓄电池上方的熔丝熔断；

d. 连接 DC/DC 变换器至 12V 蓄电池端的线束故障。

诊断方法：

a. 首先尝试通过钥匙重复上电、断电操作能否清除故障警告灯。

b. 如不能，应更换 12V 蓄电池或者给 12V 蓄电池补充电。

c. 若为 DC/DC 变换器不能给 12V 蓄电池充电，则需要对故障进行进一步排查。

3) 动力蓄电池故障警告灯常亮，整车不能 READY 。

下述原因可能会报出动力蓄电池报警故障：

a. 高压动力蓄电池管理系统（BMS）故障；

b. 高压动力蓄电池本体单元存在故障。

诊断方法：

a. 首先尝试钥匙重复上电、断电操作能否清除故障警告灯。

b. 如不能，维修人员应通过诊断仪读取故障，根据具体故障参照整车维修手册进行维修。

c. 检测高压部件请专业人员进行，禁止私自操作，必须注意高压安全事项，按照维修手册中要求进行维修。

4) 系统故障警告灯常亮或者闪烁，整车不能 READY 。

下述原因可能会报出系统报警故障：

a. 整车控制器 VCU 严重故障；

b. 整车 CAN 通信存在短路/断路故障；

c. 制动真空压力传感器异常；

d. 高压系统（动力蓄电池/驱动电机/电动压缩机/整车控制器）互锁系统故障；

e. 电子风扇驱动故障；

f. 逆变器驱动/继电器驱动故障；

g. 加速踏板位置传感器故障；

h. 电动压缩机或 PTC 加热器驱动故障；

i. 驱动电机转矩监控故障；

j. 低压主继电器驱动故障。

诊断方法：

a. 首先尝试钥匙重复上电、断电操作能否清除故障警告灯。

b. 如不能，维修人员应通过诊断仪读取故障，根据具体故障参照整车维修手册进行维修。

5) 系统故障警告灯和动力蓄电池故障警告灯不亮，动力蓄电池断开故障警告灯亮下述原因可能会导致高压回路不能建立，整车不能行驶：

a. 高压接触器盒内熔丝烧断；

b. 高压接触器（正极\负极\预充电）控制线束有故障；

c. 接触器本身损坏；

d. 预充电阻失效。

诊断方法：

a. 此问题涉及高压检查和维修，非专业人员禁止操作；

b. 专业人员在检查时，应严格遵守操作要求，注意安全。

6) 电驱动系统警告灯常亮 。

下述两个方面故障可能导致动力蓄电池断开，导致驱动系统失效：

a. 驱动电机系统故障；

b. 驱动电机控制器故障。

诊断方法：

出现此故障警告灯和动力蓄电池断开指示灯同时点亮时，先查电驱动系统故障，再查动力蓄电池断开指示灯：

a. 首先尝试钥匙重复上电、断电操作能否清除故障警告灯。

b. 如不能，维修人员应通过诊断仪读取故障，根据具体故障参照维修手册进行维修。

3. 故障级别划分

以北汽新能源汽车动力蓄电池系统为例，介绍故障的级别划分，其他车型可以参考。

（1）划分等级

根据故障对整车的影响，动力蓄电池管理系统故障划分为三个级别：

1) 一级故障（非常严重）：如果故障可能会造成整车出现安全事故，如起火、爆炸、触电等，动力蓄电池管理系统（BMS）向整车控制器 VCU 上报该故障。动力蓄电池在正常工作下不会上报该故障，BMS 一旦上报该故障，表明动力蓄电池处于严重滥用状态。

2) 二级故障（严重）：动力蓄电池管理系统（BMS）上报该故障会造成整车进入跛行、暂时停止能量回馈、停止充电等现象。动力蓄电池正常工作下不会上报该故障，BMS 一旦上报该故障，表明动力蓄电池某些硬件出现故障或动力蓄电池处于非正常工作的条件下。

3) 三级故障（轻微）：动力蓄电池管理系统（BMS）上报该故障对整车无影响或根据故障不同程度地造成整车进入限功率行驶状态。动力蓄电池正常工作状态可能上报该故障，BMS 一旦上报该故障，表明动力蓄电池处于极限环境温度下或动力蓄电池单元一致性出现一定劣化等。

（2）各等级对应的故障码

不同级别的故障，有对应的故障名称、故障码以及对整车的影响。各故障级别中，相同的故障名称，根据故障程度级别不同，以不同故障码区分。另外，不同批次车辆，相同的故障名称却显示不同故障码，以诊断仪显示的故障码和解释为准。

1) 一级故障名称和故障码对照表见表 6-2-2。

表6-2-2 一级故障名称和故障码对照表

故障名称	故障码	对整车的影响
动力蓄电池单元电压过压	P0004	行车模式：动力蓄电池放电电流降为0，断高压，无法行车 车载充电：请求停止充电/停止加热，主正、主负高压接触器断开 直流快充：BMS发送终止充电，主正、主负高压接触器断开
动力蓄电池外部短路（放电过流）	P0006	
温度过高	P0007	
动力蓄电池内部短路	P0014	

2）二级故障名称和故障码对照表见表6-2-3。

表6-2-3 二级故障名称和故障码对照表

故障名称	故障码	对整车影响
动力蓄电池单元电压欠压	P0269	行车模式：限功率至放电电流25A
BMS内部通信故障	P0279	行车模式：限功率至放电电流25A，"最大允许充电电流"调整为0 充电模式：发送请求停止充电，如果上报故障后2s内未收到响应，BMS主动断开高压接触器或加热继电器
BMS硬件故障	P0284	
BMS与车载充电器通信故障	P0283	车载充电模式：请求停止充电，或请求停止加热，如果上报故障后2s内未收到响应，BMS主动断开高压接触器或加热继电器
温度过高	P0258	行车模式：限功率至放电电流25A，"最大允许充电电流"调整为0
绝缘电阻过低	P0276	行车模式：限功率至放电电流25A，"最大允许充电电流"调整为0 充电模式：发送请求停止充电，如果上报故障后2s内未收到响应，BMS主动断开高压接触器或加热继电器
加热元件故障	P0281-1	充电模式：请求停止加热，如果上报故障后2s内未收到响应，BMS主动断开加热继电器

3）三级故障名称和故障码对照表见表6-2-4。

表6-2-4 三级故障名称和故障码对照表

故障名称	故障码	对整车影响	恢复条件
温度过高故障	P1043	行车模式：放电功率降为当前状态的50%	重新上电
绝缘电阻过低	P1047	上报不处理	重新上电
电压不均衡	P1046	行车模式：放电功率降为当前状态的40%	重新上电
动力蓄电池单元电压欠压	P1040		
温度不均衡	P1045	上报不处理	
放电过流	P1042	行车模式：放电功率降为当前状态的50%	

(3) 数据流确定故障等级

可以利用故障诊断仪器读取数据流。根据实际数值进一步确定故障级别。

例如，以北汽新能源纯电动汽车为例，动力蓄电池单元温度 45℃ 时是三级故障；50℃ 时是二级故障；55℃ 时是一级故障（各品牌动力蓄电池数据有差异）。

二、纯电动汽车出现故障时，如何进行诊断与排除？

1. 纯电动汽车动力蓄电池故障诊断与排除

（1）故障诊断仪器读取数据

进行动力蓄电池故障诊断时，应利用故障诊断仪或从车载计算机读取动力蓄电池组数据流，必要时进行实测，通过最终数据进行判断是动力蓄电池故障，还是动力蓄电池管理系统（BMS）、高压配电箱（BDU）或其他组件故障。

如图 6-2-2 是吉利帝豪 EV300 纯电动汽车利用故障诊断仪读取到 BMS 的数据流。

如图 6-2-3 是众泰纯电动汽车车载计算机读取的动力蓄电池数据流，可以读取到动力蓄电池单元最高、最低的电压和温度。

动力蓄电池单元电压过高会导致无法充电，过低会导致断电保护。动力蓄电池单元温度过高会导致无法充电。

图 6-2-2　帝豪 EV300 纯电动汽车利用故障诊断仪读取到 BMS 的数据流

图 6-2-3　众泰纯电动汽车车载计算机读取的动力蓄电池数据流

（2）外观及漏电检测

检查动力蓄电池组外观是否损坏、漏液，以及检测动力蓄电池对外绝缘电阻。动力蓄电池对外绝缘电阻要求如下：

1）绝缘电阻值的要求：在动力蓄电池的整个寿命内，根据标准计算方法计算得到绝缘电阻值，所得值 >500Ω/V。

2）测试前要求：在整个测试过程中，动力蓄电池的开路电压 ≥ 其标称电压值，动力蓄电池两极应与动力装置断开。

3）测量工具：能够测量直流电压的伏特表，其内阻应 >10MΩ。

（3）上电流程

上电流程确认动力蓄电池工作是否正常。以比亚迪 e6 为例，上电流程如图 6-2-4 所示。

图 6-2-4　比亚迪 e6 上电流程

2. 纯电动汽车动力蓄电池管理系统故障诊断与排除

纯电动汽车动力蓄电池管理系统（BMS）是动力蓄电池的主控模块，负责采集动力蓄电池的动力蓄电池单元电压、温度、电流数据，控制动力蓄电池处于最佳的充放电水平；此外，BMS 还负责控制高压配电箱内高电压继电器的接通与断开，并诊断高压继电器（高压接触器）故障信息。

以下介绍 BMS 的故障症状与可能原因。

（1）故障症状

纯电动汽车的动力蓄电池管理系统发生故障时，会导致高电压系统内高压接触器不能工作，使车辆失去动力而不能行驶，同时动力蓄电池管理系统故障指示灯 将点亮。

（2）可能原因

造成动力蓄电池管理系统的主要故障原因是电源供电异常、搭铁不良或 BMS 自身损坏。

(3) 排除方法

1) 读取故障码：使用诊断仪读取故障码（DTC），动力蓄电池管理系统可能存在以下 DTC：

P1A58-00：动力蓄电池管理系统初始化错误。

P1A40-00：动力蓄电池单元温度传感器故障。

2) 故障检测与排除：根据 DTC 提示进行故障检测，包括电源和搭铁的线路检测。如果线路不正常，检修线路是否短路及断路。如果线路正常，更换相应的部件。

3. 纯电动汽车高压配电箱故障诊断与排除

高压配电箱（BDU）是控制高压接通与关闭的执行部件，内部由多个高压接触器或高压继电器组成。动力蓄电池管理系统（BMS）是高压配电箱内高压继电器与高压接触器的诊断主控模块，会诊断高压接触器是否按照预定的要求打开与关闭，不正常的吸合，如触点烧蚀会产生高压接触器类 DTC。

(1) 故障症状

1) 高压配电箱内高压接触器存在故障时，会导致高压系统内高压接触器不能工作，使车辆失去动力；

2) 动力系统故障指示灯 将点亮。

(2) 可能原因

高压接触器自身线圈损坏或者控制线路接触不良。

(3) 排除方法

1) 读取故障码：使用诊断仪读取可能存在的 DTC：

P1A5D-00：驱动电机控制器预充未完成。

2) 故障检测与排除：根据 DTC 提示进行故障检测，包括电源和搭铁的线路检测。如果测量值不符合标准，应进行更换或维修。如果确认低压和线路正常，更换高压配电箱。

4. 纯电动汽车驱动电机控制器故障诊断与排除

驱动电机控制器是驱动系统的核心执行模块。驱动电机控制器接收动力蓄电池管理系统（BMS）和整车控制器（VCU）的信息，控制驱动电机的运转，并实现驱动电机转速、方向和转矩的改变。驱动电机控制器通过接收角度传感器（也称驱动电机旋变器或解角器）信号作为控制命令的输出反馈，实现驱动系统的闭环控制。

(1) 故障症状

驱动电机控制器存在故障时，会导致驱动电机不能正常运转，使车辆失去动力。同时位于车辆仪表内 动力系统故障指示灯将点亮。如果仅该指示灯 点亮，说明驱动电机的温度过高，系统将降低驱动电机的功率输出。

(2) 可能原因

造成驱动电机控制器的主要故障原因如下：

1) 驱动电机控制器模块本身的故障。
2) 角度传感器故障。
3) 电源和搭铁不良。

(3) 排除方法

1) 读取故障码：使用诊断仪读取故障码（DTC）。
2) 故障检测与排除：以比亚迪 e6 为例。
① 驱动电机控制器电源与搭铁的诊断。
根据 DTC 提示完成故障检测，包括电源和搭铁的线路检测。发现断路或短路则进行检修。
② 角度传感器的诊断。
　a. 使用诊断仪诊断 DTC：P1B01-00：旋变故障。
　b. 检查低压插接件。
退电 OFF 档，拔掉驱动电机控制器低压插接器 B33，测量端子间的电压或电阻，如图 6-2-5 和表 6-2-5 所示。
　c. 如果所测电压和电阻值正常，更换驱动电机控制器与 DC/DC 变换器总成。

图 6-2-5 驱动电机控制器插接器

表 6-2-5 驱动电机控制器插接器 B33 端子规格

端子	线色	端子描述	条件	正常值
3	绿	MG2 旋变屏蔽地	始终	<1V
4	黄	MG2 励磁+	线束端（断线测量）	与励磁 -8.1Ω±2Ω
5	蓝	MG2 正弦+	线束端（断线测量）	与正弦 -14Ω±4Ω
6	橙	MG2 余弦+	线束端（断线测量）	与余弦 -14Ω±4Ω
7	粉	MG2 驱动电机过温	线束端（断线测量）	与15脚有电阻值（<100Ω）
8	灰	运行模式切换信号输入	ON 档	<1V 或 11~14V
11	紫	CAN 屏蔽地	始终	<1V
12	绿黑	MG2 励磁-	线束端（断线测量）	与励磁 +8.1Ω±2Ω
13	黄黑	MG2 正弦-	线束端（断线测量）	与正弦 +14Ω±4Ω
14	蓝黑	MG2 余弦-	线束端（断线测量）	与余弦 +14Ω±4Ω
15	绿黄	MG2 驱动电机过温地	线束端（断线测量）	与7脚有电阻值（<100Ω）
16	黄红	运行模式切换信号输出	ON 档	<1V 或 11~14V
19	棕	CAN 信号高	始终	2.5~3.5V
20	白	CAN 信号低	始终	1.5~2.5V
21	白黑	驻车制动器信号	驻车	<1V
22	白红	制动踏板信号	踩制动	11~14V

③ 相关 DTC P1B03：欠压保护故障（或 P1B04：过压保护故障）的诊断

检查动力蓄电池电量，动力蓄电池电量是否 >10%。如果电量正常，检测高压电缆，步骤如下：

  a. 断开维修开关，等待 5min。

  b. 拔掉驱动电机控制器高压插接器端子。

  c. 插上维修开关，整车上电 OK 指示灯点亮。

  d. 测量母端电压值。如果母端电压值不在正常范围，那么检查高压配电盒及高压电缆；否则，更换驱动电机控制器。

5. 纯电动汽车驱动电机故障诊断与排除

驱动电机发生故障时，通常仪表会点亮动力系统的故障警告灯 ⚙，应先利用故障诊断仪读取 DTC（故障码），根据故障码提示的内容进行检修。

驱动电机常见的故障症状、原因与排除方法如下：

（1）驱动电机启动困难或不能启动

原因：电源电压过低排除方法：调整（充电）电压到所需值。

原因：驱动电机过载排除方法：减轻负载后再启动。

原因：机械锁止排除方法：检查后先停车解除机械锁止，再启动驱动电机。

（2）驱动电机运行温度过高

原因：负载过大排除方法：减轻负载。

原因：驱动电机扫膛，检查气隙及转轴、轴承是否正常，不正常则更换。

原因：驱动电机绕组故障，检查绕组是否有接地、短路、断路等故障，并排除。

原因：驱动电机冷却不良，检查冷却系统故障，并排除。

6. 驱动系统输入/输出信号部件故障诊断与排除

驱动电机的运转主要由加速踏板、制动踏板（刹车深度）和档位传感器的信号进行控制。其中：

加速踏板用于为驱动系统提供驱动电机负荷的输入信号，并控制制动能量回收功能；

制动踏板用于取消驱动电机输入负荷，并实现车辆的制动功能；

档位控制器用于控制驱动电机的运转方向和驱动电机的启动与停止。

当以上输入信号产生故障后，整车控制器 VCU 将停止车辆的动力输入，并输出诊断 DTC。

（1）故障症状

纯电动汽车在制动信号丢失情况下，车辆无法启动；非制动信号故障时，车辆能够启动，但启动后动力停止输出，同时位于车辆仪表内 ⚙ 动力系统故障指示灯将点亮。

（2）可能原因

造成驱动系统输入/输出信号故障的主要原因是电源供电异常、搭铁不良或信号部件自身损坏。

（3）排除方法

使用诊断仪读取可能的 DTC。通常情况下，加速踏板、制动踏板以及档位控制器能够直接指向对应部件的故障。根据 DTC 内容检修。

7. 高压系统漏电故障诊断与排除

高电压车辆安全的首要条件就是防止高压系统与车身之间存在漏电。纯电动汽车高压系统采用漏电传感器来监测高压电路是否存在与车身之间的漏电情况，如果发生漏电，系统将自动切断高压接触器，避免更大事故的发生。

警告：
在执行高压车辆诊断及维护前，务必穿戴好个人安全防护设备，并严格遵守正确的操作步骤！

（1）可能原因

高压系统漏电故障分为两种：
1）高压电路与车身存在漏电。
2）漏电传感器系统本身故障。

高压系统漏电类故障会导致车辆仪表内 动力系统故障指示灯点亮，且车辆将关闭动力输出。

（2）诊断方法

以比亚迪 e6 为例（其他车型可参考），高压漏电的故障诊断与排除步骤如下：

1）读取 DTC：使用诊断仪读取相关 DTC。如有明确 DTC，按照 DTC 诊断步骤进行诊断，可参考维修手册中的具体 DTC 信息。

2）漏电故障检测：高压电路导线漏电主要是绝缘效果降低导致的，因此漏电故障的诊断主要是检查线路对车身、以及两线之间的绝缘电阻值。

a. 断开被测量的高压电缆插接器，如果不确定漏电大体位置，可采用分段测量法来进行排除。

b. 使用高压绝缘测试仪分别测量电缆对车身的电阻：

- 测量正极电缆对车身电阻（测量电压 1000V），标准电阻在 50MΩ 以上；
- 测量负极电缆对车身电阻（测量电压 1000V），标准电阻在 50MΩ 以上；
- 测量两电缆之间电阻（测量电压 1000V），标准电阻在 50MΩ 以上。

c. 对于不符合要求的电缆，需要更换新的高压电缆。

3）漏电传感器故障检测：

a. 检查 12V 蓄电池电压及整车低压线束供电是否正常。

标准电压值：11～14V。

如果电压值低于 11V，需要更换 12V 蓄电池或检查整车低压线束。

b. 在关闭点火开关的状态下，断开漏电传感器插接器：

- 测量漏电传感器供电电压，标准值在 9～16V 之间；
- 测量漏电传感器搭铁电阻，标准值在 0.2Ω 以下；
- 不在以上范围的，需要继续检查传感器本身或连接线路。

c. 使用诊断仪读取动力蓄电池管理系统漏电传感器数值，不能正常读取的，需要更换新的漏电传感器。

三、混合动力汽车出现故障时，如何进行诊断与排除？

混合动力汽车由于设计有电力和内燃机的双重动力结构，因此在故障诊断过程中既要检查内燃机的动力系统，又要检查电力驱动系统。

常见的故障包括因电力驱动系统导致内燃机不能驱动，或电力驱动系统失效的故障症状。

以丰田混合动力汽车为例，介绍混合动力汽车电力驱动系统故障诊断与排除，其他车型可以参考。

1. 混合动力汽车动力蓄电池管理系统常见故障诊断与排除

（1）混合动力汽车动力蓄电池常见系统常见的故障

动力蓄电池是混合动力控制系统的重要组成部分，其内部或控制系统存在故障将导致混合动力系统失效，甚至是车辆暂停行驶。

动力蓄电池系统常见的故障如下：
1）动力蓄电池管理系统模块本身或电源、接地故障；
2）动力蓄电池内部动力蓄电池电压故障，如监测到过高或过低的动力蓄电池单元电压；
3）动力蓄电池组总成冷却系统故障；
4）动力蓄电池组内高压输出电路故障。

（2）混合动力汽车动力蓄电池系统的故障症状

混合动力汽车动力蓄电池系统发生故障会有以下症状：

1）仪表指示灯点亮：如图6-2-6所示，动力蓄电池系统故障会导致仪表故障指示灯点亮。

动力蓄电池警告　　车辆动力系统故障

图6-2-6　混合动力汽车仪表故障指示灯

2）车辆不能启动或功率降低：未启动车辆前，会导致车辆不能正常启动；高速运行的车辆，会导致车辆降低运行功率。

（3）混合动力汽车动力蓄电池管理系统的故障诊断与排除

混合动力汽车动力蓄电池系统发生故障后，应该先采用故障诊断仪器进行故障码读取和数据流分析。

动力蓄电池系统常见故障码参照诊断仪器显示的内容。

在动力蓄电池管理系统模块内，可使用诊断仪读取到数据流。一般情况下读取到的数据流内容见表6-2-6。

表6-2-6　混合动力汽车动力蓄电池系统数据流内容

诊断仪显示	测量项目/范围（显示）	参考范围	诊断注解
MIL 状态 （MIL Status）	CHK ENG 状态/ON 或 OFF	CHK ENG ON：ON	保持 ON：根据检测到的 DTC 修理

(续)

诊断仪显示	测量项目/范围（显示）	参考范围	诊断注解
故障发生时积累的行驶里程（Driving Mileage）	故障发生时，积累的行驶里程，最小：0km，最大：65.535km	—	—
动力蓄电池充电状态（SOC）	动力蓄电池充电状态，最小：0%，最大：100%	始终：0%～100%	—
SOC 盒（Delta SOC）	在 SOC 最大和最小间的差异，最小：0%，最大：100%	READY 灯点亮，发动机停止，没有电负荷：0%～60%	—
动力蓄电池组电流值（IB Battery）	动力蓄电池组的电流值，最小：-327.68A，最大：327.67A	• 发动机停机后立即满载加速：最大 140A • P 档发动机自动起动，然后换到 N 档位 1s 后，发动机停止，前照灯点亮，空调风扇高速运转，READY 灯点亮：最大 30A	—
吸入空气温度（Batt Inside Air）	吸入动力蓄电池组的室外空气温度，最小：-327.63℃，最大：327.67℃	一天不受干扰：与室外空气温度相同	—
VMF 风扇驱动电机监控电压（VMF Fan Voltage）	动力蓄电池鼓风机驱动电机监控电压，最低：-25.6V，最高：25.4V	在 P 档位，READY 灯点亮，VMF 风扇模式：8.5～11.5V	—
蓄电池电压（Aux. Batt V）	备用蓄电池电压，最低：-25.6V，最高：25.4V	与备用蓄电池电压相等	—
充电控制数值（WIN）	从蓄电池 ECU 输送到动力蓄电池控制 ECU 的充电控制的功率，最小：-64kW，最大：0kW	-25kW 或更大	—
放电控制数值（WOUT）	从蓄电池 ECU 输送到动力蓄电池控制 ECU 的放电控制的功率，最小：0kW，最大：63.5kW	21kW 或更小	—
冷却风扇模式（Cooling Fan Spd）	动力蓄电池鼓风机驱动电机转动模式，最小：0，最大：4	停止：0 从低速向高速转动：1.6	—
ECU 控制模式（ECU Ctrl Mode）	ECU 控制模式，最小：0，最大：4	—	—
备用鼓风机请求（SBLW Rqst）	动力蓄电池鼓风机驱动电机停止控制请求（备用鼓风机）	ON/OFF	—

(续)

诊断仪显示	测量项目/范围（显示）	参考范围	诊断注解
动力蓄电池温度 TB1~TB3（Batt Temp 1to3）	动力蓄电池温度，最小：-327.68℃，最大：327.67℃	一天不受干扰：与室外空气温度相同	—
动力蓄电池编号（Num Of Batt）	动力蓄电池编号，最小：0，最大：255	始终：14	—
动力蓄电池最小电压（Bat Block Max V）	动力蓄电池最小电压，最低：-327.68V，最高：327.67V	SOC 50%~60%：12V 或更高	—
最小动力蓄电池编号（Min Bat Block#）	最小电压的动力蓄电池编号	从 0 到 13 中的一个数	—
动力蓄电池最大电压（Bat Block Max V）	动力蓄电池最大电压，最低：-327.68V，最高：327.67V	SOC 50%~60%：12V 或更低	—
最大动力蓄电池编号（Max Bat Block #）	最大电压的动力蓄电池编号	从 0 到 13 中的一个数	—
动力蓄电池电压 V01~V14（V1toV14 Batt Block）	动力蓄电池电压，最低：-327.68V，最高：327.67V	SOC 60%：12~20V	—
内阻 R01~R14（R01 to 14）	各个动力蓄电池的内阻，最小：0Ω，最大 0.255Ω	始终：0.01~0.1Ω	—
依照规则（Regulation）	依照规则	Euro 或 OBD	—
排放 DTC 号（#Codes）	相关动力转动排放 DTC 号，最小：0，最大：127	—	—
存储 DTC 号（DTC）	存储 DTC 号，最小：0，最大：255	—	—

1）动力蓄电池 ECU 供电熔丝异常的故障：

故障症状：

动力蓄电池 ECU（即动力蓄电池管理系统 BMS）不通信，HV 蓄电池警告灯点亮，且车辆不能正常启动。

故障原因分析：

12V 蓄电池电源恒定地向动力蓄电池 ECU 的 AM 端子供电，以此达到维持储存器内的 DTC 和定格数据。即使电源开关断开的时候，该电压也可以作为一个备用电压。

故障排除：

检查动力蓄电池 ECU 熔丝及线路，如果检查均正常，则需要更换动力蓄电池 ECU。

2）动力蓄电池冷却系统鼓风机不转的诊断：

故障症状：

仪表显示动力蓄电池故障，诊断仪检查存在动力蓄电池温度高。

动力蓄电池温度过高的原因之一是鼓风机不能正常工作。

使用诊断仪的主动测试功能驱动鼓风机，发现驱动失败，且不能从数据流中看到鼓风机驱动电机的旋转转速。

故障原因分析：

鼓风机驱动电机控制器调节动力蓄电池鼓风机的电压。鼓风机驱动电机控制器有铝制成的散热片。从后侧风道流入动力蓄电池总成的空气对鼓风机驱动电机控制器进行制冷，而该控制是装在后侧风道里。

故障排除：

检查风扇熔丝、鼓风机继电器、鼓风机总成及线路，如果以上检查均正常，则需要更换动力蓄电池 ECU。

2. 混合动力汽车驱动电机系统常见故障诊断与排除

以丰田混合动力汽车为例，介绍混合动力汽车驱动电机系统故障诊断与排除，其他车型可以参考。

(1) 混合动力汽车驱动电机系统常见的故障

混合动力汽车驱动电机系统故障将导致车辆不能正常行驶，常见的故障如下：

1）驱动电机控制器（变频器/逆变器）本身故障。

2）驱动电机控制器（变频器/逆变器）温度传感器故障或控制驱动电机温度过高。

3）驱动电机角度传感器故障等。

(2) 混合动力汽车驱动电机系统的故障症状

混合动力汽车驱动电机系统发生故障会有以下症状：

1）仪表指示灯点亮：驱动系统故障会导致仪表车辆动力系统故障指示灯点亮。

2）车辆功率降低或暂停动力输出：混合动力汽车驱动系统故障会导致车辆降低运行功率或暂停动力输出。

(3) 混合动力汽车驱动电机系统的故障诊断与排除

混合动力汽车驱动电机系统发生故障后，应该首先采用故障诊断仪进行故障码读取和数据流分析。

驱动系统的数据流主要在 HV 蓄电池 ECU 内，可使用诊断仪读取到关于驱动系统的故障码和数据流。

混合动力汽车驱动系统的故障码请参照仪器显示的内容。表 6-2-7 是其主要读取到的数据流内容。

表6-2-7 混合动力汽车的数据流内容

诊断仪显示	测量项目/范围	参考范围	诊断注解
MIL 发动机运行时间（MIL On Eng Time）	起动发动机后待时和 CHK ENG 开，最小：0min，最大：65.535min	—	—
MIL 状态（MIL Status）	CHK ENG 状态，开或关	CHK ENG 开：开	恒定开：依据检测到的 DTC 修理
驱动电机（MG2）转速（MG2Rev）	MG2 转速，最小：-16.383r/min，最大：16.383r/min	—	—
驱动电机（MG2）转矩（MG2 Torq）	MG2 转矩/最小：-500N·m，最大：500N·m	—	—
电机（MG1）转矩执行数值（MG1 Torq Exc Val）	MG1 转矩执行数值，最小：-512N·m，最大：508N·m	发动机自动起动且 READY 灯开 1s 后，发动机停止，空调风扇高速转，前照灯开，P 档：低于 MG1 Torq 的 ±20%	—
再生制动转矩（Regen Rqst Torq）	再生制动执行转矩，最小：0N·m，最大：186N·m	—	—
请求再生制动转矩（Regen Rqst Torq）	再生制动要求转矩，最小：0N·m，最大：186N·m	车速 30km/h，主缸液压 -200N·m：随制动踏板压力变化	—
变频器温度（MG1）（MG1 Invert Temp）	MG1 变频器温度，最小：-50℃，最大：205℃	●于25℃（77℉）搁置一天：25℃（77℉） ●街道行驶：25～80℃（77～176℉）	如果数值是-50℃（-58℉）：传感器电路 +B 短路 如果数值是 205℃（401℉）：传感器电路开路或 GND 短路
变频器温度（MG2）（MG2 Invert Temp）	MG2 变频器温度，最小：-50℃，最大：205℃	●于25℃（77℉）搁置一天：25℃（77℉） ●街道行驶：25～80℃（77～176℉）	如果数值是-50℃（-58℉）：传感器电路 +B 短路 如果数值是 205℃（401℉）：传感器电路开路或 GND 短路
驱动电机（MG1）温度（Motor2 Temp）	变速驱动桥油温度，最小：-50℃，最大：205℃	●于25℃（77℉）搁置一天：25℃（77℉） ●街道行驶：25～80℃（77～176℉）	如果数值是-50℃（-58℉）：传感器电路 +B 短路 如果数值是 205℃（401℉）：传感器电路开路或 GND 短路

(续)

诊断仪显示	测量项目/范围	参考范围	诊断注解
驱动电机（MG2）温度（Motor1 Temp）	MG1驱动电机温度，最小-50℃，最大：205℃	• 于25℃（77℉）搁置一天：25℃（77℉） • 街道行驶：25~80℃（77~176℉）	如果数值是-50℃（-58℉）：传感器电路+B短路 如果数值是205℃（401℉）：传感器电路开路或GND短路
增压转换器温度（Converter Temp）	增压转换器温度，最小-50℃，最大：205℃	• 于25℃搁置一天：25℃ • 街道行驶：25~80℃	如果数值是-50℃：传感器电路+B短路 如果数值是205℃：GND传感器电路开路短路
加速踏板行程（Accclerator）	加速踏板踩下角度，最小：0%，最大：100%	加速踏板踩下：随加速踏板压力改变	—
要求动力（Power Rqst）	发动机功率输出要求值，最小0W，最大：320000W	—	—
目标发动机转速（Target Eng Spd）	目标发动机转速，最小：0r/min，最大：8000r/min	—	—
发动机转速（Engine Spd）	目标发动机转速，最小：0r/min，最大：8000r/min	怠速：950~1050r/min	—
车速（Vehicle Spd）	车速，最小：-256km/h，最大：254km/h	以40km/h的速度行驶，40km/h	—
主缸转矩（Meyl Ctrl Power）	制动转矩相当于主缸液压，最小：-512 N·m，最大：508 N·m	加速踏板踩下：随加速踏板压力改变	—
充电状态（SOC）	动力蓄电池充电状态，最小：0%，最大：100%	恒定：0%~100%	—
WOUT控制器电源（WOUT Ctrl Power）	放电控制电源值，最小0W，最大：81600W	21000W或更小	—
WIN控制器电源（WIN Ctrl Power）	充电控制电源值，最小-40800W，最大：0W	-25000W或更大	—
请求放电至SOC（Dehg Rqst SOC）	请求放电调整SOC，最小：-20480W，最大：20320W	• 统一车上充电：-4400W • 一般0W	—

(续)

诊断仪显示	测量项目/范围	参考范围	诊断注解
电源 VB（PWR Resource VB）	动力蓄电池电压，最低：0V，最高 510V	READY 灯打开和 P 档：150～300V	—
电源 IB（PWR Resource IB）	动力蓄电池电流，最小：−256V，最大 254A	—	—
VL 电压上升前（VL）	增压前的电压，最低 0V，最高：510V	电源开关开（READY）：实际上和 HV 蓄电池电压一致	如果数值是 0V：传感器电路开路或 GND 短路 如果数值是 510V：传感器电路＋B 短路
VH 电压上升后（VH）	增压后的电压，最低 0V，最高：765V	P 档发动机加快转速：HV 蓄电池电压至 500V	如果数值是 0V：传感器电路开路或 GND 短路 如果数值是 765V：传感器电路＋B 短路
压力上升比（Rais Pres Ratio）	增压比，最小：0%，最大：100%	增压前电压和增压后电压一致：0%～10%	—
行驶条件 ID（Drive Conditon）	行驶条件 ID，最小：0，最大：6	• 发动机停止：0 • 发动机将要停止：1 • 发动机将要启动：2 • 发动机工作：3 • 装载运行：4 • P 档加快转速：6	—

以下介绍混合动力汽车驱动电机系统故障诊断与排除步骤。
1）驱动电机温度传感器异常的故障：
故障症状：
仪表提示驱动电机温度过高，系统功率降低。
故障原因分析：
驱动电机控制器会通过驱动电机内的温度传感器和供给的电流计算驱动电机的温度，当驱动电机温度异常时，系统将降低驱动电机的输出功率，让驱动电机尽快冷却。
采集驱动电机温度的传感器是热敏电阻传感器。热敏电阻的阻值和驱动电机温度传感器相关，它根据驱动电机温度的变化而变化。驱动电机温度越低，热敏电阻的阻值越大；相反，驱动电机温度越高，热敏电阻的阻值越小。为了防止电机过热，HV 蓄电池控制 ECU 根据这种信号限制负载。另外，HV 蓄电池控制 ECU 检查驱动电机温度传感器是否出现线路故障和传感器故障。
故障排除：
a. 使用诊断仪读取驱动电机温度传感器数据。

专用诊断仪显示驱动电机温度的数据是当前实际的温度。

如果电路开路或电源+B短路，则专用诊断仪显示驱动电机温度的数据是-50℃。

如果电路搭铁GND短路，则专用诊断仪显示的数据是205℃。

b. 显示的驱动电机温度不在正常范围-49～204℃，需要检查驱动电机温度传感器与驱动电机控制器之间的连接线路以及驱动电机温度传感器本身技术状态。请参考热敏电阻类传感器的诊断方法。

2）驱动电机角度传感器异常的故障：

故障症状：

仪表显示驱动系统故障，车辆不能正常驱动（MG2角度故障）；或发动机不能被正常起动（MG1角度故障）。

故障原因分析：

如图6-2-7所示，驱动电机角度传感器是一种检测转子磁极位置的传感器，它对保证MG1和MG2的高效控制是必需的。驱动电机角度传感器的定子包括一个励磁线圈和两个检测线圈。因为转子是椭圆形状的，定子和转子间的间隙随着转子转动而变化。预定频率的交流电流过励磁线圈和检测线圈S和C并且根据驱动电机角度传感器转子的位置输出交流电。

图6-2-7 驱动电机角度传感器原理图

HV蓄电池控制 ECU根据检测线圈S和C的相位及它们的波形高度来检测转子的绝对位置。此外，为了把驱动电机角度传感器用做一个速度传感器，CPU计算出在一段预定的时间内位置的变化次数。

故障排除：

a. 使用诊断仪读取相关故障码。

b. 使用诊断仪读取对应故障码所指驱动电机的数据流。

标准值：数据流应该显示出驱动电机的转动角度。

c. 检查线束与插接器（控制ECU——驱动电机角度传感器电路）。

d. 用兆欧表检查驱动电机角度传感器端子间的绝缘电阻。

标准值：10MΩ或更大。

e. 检查驱动电机角度传感器本身电阻。

图6-2-8 驱动电机角度传感器端子图

图6-2-8是驱动电机角度传感器端子图。测量驱动电机角度传感器端子间的电阻标准值见表6-2-8：

表 6-2-8　驱动电机角度传感器端子间的电阻

万用表连接	规定条件
MRF（M8-1）-MRFG（M8-4）	7.65~10.2Ω
MSN（M8-2）-MSNG（M8-5）	12.6~16.8Ω
MCS（M8-3）-MCSG（M8-6）	12.6~16.8Ω

3）驱动电机控制器（变频器）性能的故障：

故障症状：

仪表显示驱动系统失效，使用诊断仪检查存在变频器性能故障码。

故障原因分析：

变频器为 MG1/MG2 将 HV 蓄电池高压直流电转换成交流电。变频器内包含一个三相桥电路，它由 6 个功率晶体管组成，每个对应于 MG1 和 MG2，用来转换直流电和三相交流电。HV 蓄电池控制 ECU 控制功率晶体管的激活。变频器将控制所必需的信息，例如安培数和电压传送到 HV 蓄电池控制 ECU。

HV 蓄电池控制 ECU 使用电压传感器，它内置于变频器中，用来检测升压后的高压并进行升压控制。

变频器电压传感器根据高压的不同输出一个值在 0~5V 间的电压。高压越高，输出电压越高。高压越低，输出电压越低。

HV 蓄电池控制 ECU 监控变频器电压并检测故障。变频器电路图如图 6-2-9 所示。

图 6-2-9　变频器电路图

如果变频器出现电路故障、内部短路或过热，则变频器通过变频器故障信号线路将此信息传送到 HV 蓄电池控制 ECU 的 MFIV 端子。

警告：

诊断前，至少需要 5min 对变频器内的高压电容器进行放电！

故障排除：

a. 使用专用诊断仪读取故障码。

b. 检查混合动力 HV 蓄电池控制 ECU 连接情况，是否存在松动，检查变频器连接情况，是否存在松动或连接不良。

c. 用万用表测量混合动力汽车驱动电机三相交流电电缆端子与车身接地之间的绝缘电阻。
标准值：10MΩ 或更大。
d. 检查混合动力驱动电机线圈电阻。
用万用表测量混合动力汽车驱动电机三相交流电电缆端子电阻见表 6-2-9。
标准值：

表 6-2-9　混合动力汽车驱动电机三相交流电电缆端子电阻

万用表连接	规定条件
U（I14-1）-V（I14-2）	20℃时 <135MΩ
V（I14-2）-W（I14-3）	20℃时 <135MΩ
W（I14-3）-U（I14-1）	20℃时 <135MΩ

提示：U-V\U-W\W-U 端子最大和最小电阻间的差，标准值应该 <2MΩ。

e. 使用专用诊断仪进行动作测试，当变频器驱动强制停止时，测量变频器插接器端子间的电压。
标准值：12~16V
f. 以上测试均在标准值范围内，则需要更换变频器总成。

3. 混合动力汽车整车动力控制系统故障诊断与排除

以下以丰田混合动力汽车为例，介绍混合动力汽车整车动力控制系统故障诊断与排除，其他车型可以参考。

（1）混合动力汽车整车动力控制系统常见的故障

混合动力汽车整车动力控制系统故障将导致车辆不能正常行驶，常见的故障如下：
1）HV 蓄电池控制 ECU 模块本身故障。
2）高压接触器不能正常吸合（导致该故障的原因有很多，例如系统检测到绝缘故障、高压接触器本身烧蚀等）。
3）因驱动系统导致的故障，如驱动电机不能正常运行导致发动机不能起动等。

（2）混合动力汽车整车动力控制系统的故障症状

混合动力汽车整车动力控制系统发生故障会有以下症状：
1）仪表指示灯点亮：整车动力控制系统故障会导致仪表上车辆动力系统故障指示灯点亮。
2）车辆不能启动或功率降低：未启动车辆前，会导致车辆不能正常启动；高速运行的车辆，会导致车辆降低运行功率。

（3）混合动力汽车整车动力控制系统的故障诊断与排除

以下介绍混合动力汽车整车动力控制系统故障诊断与排除步骤。
1）因 HV 蓄电池控制 ECU 模块供电异常导致失去通信的故障：
故障症状：
HV 蓄电池控制 ECU 不通信，混合动力故障指示灯点亮，且车辆不能正常启动。
故障排除：
检查发动机室继电器盒的 HEV 熔丝及 HV 蓄电池控制 ECU 线束侧插接器间的电阻是否导

通。如以上检查均正常，则需要更换 HV 蓄电池控制 ECU 模块。

2）混合动力高压接触器断开的故障：

故障症状：

仪表提示 HV 蓄电池故障，车辆不能启动。

故障原因分析：

SMR（系统主继电器）根据 HV 蓄电池控制 ECU 发出的请求连接或断开高压电源供电电路。为确保可靠的操作，它们由三个继电器组成（负极侧一个，正极侧两个）。

故障排除：

检查 HV 蓄电池控制 ECU 主继电器之间的插接器与线束电阻是否导通。

如以上检查均正常，需要继续拆解 HV 蓄电池组外壳，检查继电器本身是否存在故障。

3）混合动力发动机不能正常启动的故障：

故障症状：

仪表提示混合动力系统故障，发动机不能正常启动。

故障原因分析：

在丰田混合动力汽车中，如果发动机或变速器驱动桥齿轮被卡住，或异物进入它们中的任意一个中，则 HV 蓄电池控制 ECU 就会检测到 DTC 并且启动安全保护控制。如果曲轴位置传感器故障（传统燃油汽车发动机控制原理）以及发动机 ECM 或 HV 蓄电池控制 ECU 故障，都可能造成发动机不能启动。

故障排除：

a. 检查曲轴传动带轮是否正常转动。

b. 检查 ECM – 曲轴位置传感器线束和插接器间的电阻是否导通。

c. 以上检查均正常后，还需要考虑以下问题：

- 检查什么导致了变速驱动桥和发动机的阻力在转动中变大；
- 检查发动机润滑系统和变速驱动桥润滑系统是否存在故障；
- 检查发动机冷却液和变速驱动桥冷却液是否存在故障；
- 检查发动机本身和变速驱动桥本身是否有存在故障。

检查结果如果异常，应进行检修或更换。

参 考 文 献

[1] 吴荣辉，李颖. 新能源汽车认知与应用［M］. 北京：机械工业出版社，2019.

[2] 许云，赵良红. 新能源汽车动力电池及充电系统检修［M］. 北京：机械工业出版社，2018.

[3] 王毅，巩航军. 新能源汽车电机驱动系统检修［M］. 北京：机械工业出版社，2019.

[4] 任春晖，李颖. 新能源汽车辅助系统检修［M］. 北京：机械工业出版社，2018.

[5] 王强，李楷，孙兵凡. 新能源汽车维护与故障诊断［M］. 北京：机械工业出版社，2019.

[6] 吴晓斌，刘海峰. 新能源汽车概论［M］. 北京：人民交通出版社，2017.

[7] 赵金国，李治国. 新能源汽车高压安全与防护［M］. 北京：人民交通出版社，2017.

[8] 曾鑫，刘涛. 新能源汽车动力电池与驱动电机［M］. 北京：人民交通出版社，2017.

[9] 唐勇，王亮. 新能源汽车电气技术［M］. 北京：人民交通出版社，2017.

[10] 包科杰，徐利强. 新能源汽车维护与故障诊断［M］. 北京：人民交通出版社，2017.